西安石油大学优秀学术著作出版基金资助
西安石油大学校级青年科研创新团队"风险投资与创业创新管理"项目
（2019QNKYCXTD20）资助
西安石油大学油气资源经济与管理研究中心资助
西安石油大学博士科研启动基金项目（134890004）支持
国家社会科学基金项目（15BGL021）支持
陕西省教育厅哲学社会科学重点研究基地项目（20JZ078）资助支持
陕西省教育厅2020年度智库重点项目（20JT057）支持

中国对外直接投资与全球价值链升级研究

薛 静 著

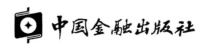

中国金融出版社

责任编辑：肖丽敏
责任校对：刘　明
责任印制：陈晓川

图书在版编目（CIP）数据

中国对外直接投资与全球价值链升级研究/薛静著. —北京：中国
金融出版社，2020. 12
ISBN 978 - 7 - 5220 - 0877 - 6

Ⅰ. ①中…　Ⅱ. ①薛…　Ⅲ. ①对外投资—直接投资—中国—影
响—世界经济—研究　Ⅳ. ①F832. 6②F11

中国版本图书馆 CIP 数据核字（2020）第 207664 号

中国对外直接投资与全球价值链升级研究
ZHONGGUO DUIWAI ZHIJIE TOUZI YU QUANQIU JIAZHILIAN SHENGJI
YANJIU

出版
发行　中国金融出版社

社址　北京市丰台区益泽路 2 号
市场开发部　（010）66024766，63805472，63439533（传真）
网 上 书 店　http://www. chinafph. com
　　　　　　（010）66024766，63372837（传真）
读者服务部　（010）66070833，62568380
邮编　100071
经销　新华书店
印刷　北京九州迅驰传媒文化有限公司
尺寸　169 毫米 ×239 毫米
印张　10. 75
字数　213 千
版次　2020 年 12 月第 1 版
印次　2020 年 12 月第 1 次印刷
定价　42. 00 元
ISBN 978 - 7 - 5220 - 0877 - 6
如出现印装错误本社负责调换　联系电话（010）63263947

前　　言

经济全球化的不断深化推动了国际分工的发展，产生了新型的国际分工，在这种新的分工模式中，产品的整个生产过程被分割成不同的模块和工序，按照区位优势分布于世界上各个国家和地区。产品制造从传统意义的一国国内全部生产转向一个国家只承担产品的特定工序或特定环节的制造，产品的价值增值过程被分割成片段化的价值增值区段，并突破国家和企业的边界，转向产品价值增值过程的全球分配与转移，形成了全球价值链分工。

全球价值链分工将更多的国家和地区纳入国际生产体系中，各国要素禀赋的差异使其在不同价值增值环节拥有各自的比较优势，从而获得不同的收益。发达国家靠其拥有的资本、技术、高素质人力资本等高级生产要素牢牢占据价值链的研发、设计、品牌等高端环节，获得较高的分工收益和要素报酬；发展中国家依靠其低成本的劳动力资源，在低技术含量的组装、加工等环节拥有比较优势，获得较低的价值。因此，尽管全球价值链分工为发展中国家参与国际分工和竞争提供了机遇，但在这种分工体系中，发达国家的跨国公司往往占据主导地位，掌控着价值链中最具影响力的环节，拥有全球价值链绝对的控制权；而发展中国家的企业往往长期从事劳动密集型和低技术含量环节的工序生产，分工地位较低，缺乏国际市场话语权，贸易条件不断恶化，长此以往，与发达国家的差距日益扩大。在这种分工格局下，发展中国家如果没有突破，很有可能面临被"低端锁定"的危险，其后果是产品国际竞争力的下降，整个国家科技创新能力的抑制，甚至进一步威胁到国家经济发展和经济安全。为摆脱被"锁定"的困境，发展中国家应该积极采取措施，提高国际分工地位，推动生产向全球价值链两端高附加值环节转换，获得更多的分工利益，实现全球价值链升级。

2000 年初，我国提出"走出去"战略，在该战略的倡议下，许多企业逐渐开始从事对外直接投资活动。2015 年，我国在对外直接投资领域取得重要突破，投资流量跃居全球第二，超过同期吸引外资规模，实现资本净输出。《2017 年度对外直接投资统计公报》数据显示，2017 年末，我国对外直接投资（Outward Foreign Direct Investment，OFDI）存量在全世界的占比达到了 5.9%，总额达到了 18090.4 亿美元；另外，从投资范围来看，投资的国家和地区数量达到了 189 个。2017 年，我国对外投资总额达到 1582.9 亿美元，全球占比连续两年超过 10%。我国对外直接投资迅猛发展，在世界经济中发挥着越来越大的作用。

对外直接投资是获得高新技术知识的有效途径，是母国获得逆向技术外溢，实现科技进步的有效方式。新经济增长理论指出，知识的产生与积累是科技发展的重要源泉，而科技发展是推动经济长期均衡发展的不懈动力。Helpman（2004）认为，经济发展的决定因素除了固定成本以及人力资本的逐渐积累之外，还包含知识及生产要素的跨国流动所带来的技术模仿、使用以及创新；在各种技术知识的获取方面，对外直接投资这种方式是高效的。东道国的高端生产要素可以利用逆向技术溢出的作用机制，反馈到母国，并且经投资国企业消化吸收之后转化成自身资源，从而提高投资企业的技术创新水平，推动其全球价值链分工地位不断上升。

实践是推动理论研究的动力，随着中国对外直接投资的迅猛发展和越来越深地融入全球价值链，能否从对外直接投资视角研究中国的全球价值链升级问题？基于这样的现实发展及理论思考，本书以全球价值链分工为背景，在这种分工形式下，对中国如何通过对外直接投资方式，摆脱被"低端锁定"困境，实现全球价值链升级的问题进行研究。本书试图回答以下问题：其一，中国在全球价值链中究竟处于什么分工地位？其二，中国对外直接投资促进全球价值链升级的微观机理是什么？其三，中国对外直接投资能否促进全球价值链升级？

　　本书研究的主要创新：（1）以往关于 OFDI 的分析，集中在 OFDI 逆向技术外溢效应及其影响因素的分析，主要侧重于技术外溢对母国技术进步的影响，而从对外直接投资对一国国际分工地位层面进行分析的相对较少。基于此，本书从对外直接投资与全球价值链升级的关系出发，研究二者之间的关系，并提出我国通过对外直接投资促进全球价值链升级的战略及政策建议。（2）利用 OECD 的 TiVA 数据库，从增加值贸易的视角，从全球价值链参与度数、全球价值链地位指数等多维测度，分析中国在全球价值链中的分工地位。全方位展示中国全球价值链分工地位的宏观图景和微观动态。（3）在全球价值链分工背景下，构造理论模型来探讨通过对外直接投资实现我国全球价值链升级的机理，弥补了理论研究的不足，为从对外直接投资层面提升中国国际分工地位开辟了一个新的研究视角。

薛　静
2020 年 3 月

目　　录

第一章 绪 论

第一节 研究背景

20 世纪 70 年代以来，各个国家贸易壁垒的逐渐减少以及交通、信息与通信以及金融国际化网络的发展，为商品的跨国界流动创造了更加便利的条件，从而形成了新的国际分工和全球价值链分工。在这种新的分工模式下，产品的整个生产流程按照不同工序分布于世界上各个角落。跨国公司凭借其强大的科技实力和市场控制能力，占据着整个产品生产过程中的研发、设计、营销、售后服务等高增加值环节，而把生产、组装等低利润环节外包给发展中国家。国际分工也由原来的产业内分工转化为在产品内分工（卢峰，2004）。在这种新的国际分工模式下，产品的整个生产过程被分割为多个片段并按照比较优势分布于世界上的不同国家和地区，每个国家都根据自己的优势参与和完成产品生产的不同环节。传统的产业内分工超越了国家界限，逐渐趋向全球化生产模式，全球价值链由此形成。

全球价值链（Global Value Chain，GVC）这一概念最早是由 Gereffi（2001）在吸收了管理学、经济地理学等相关学科的基础上提出的，在全球范围内为实现商品或服务价值而连接生产、销售、回收处理等过程的全球性跨国企业网络组织（UNIDO，2002）。全球价值链的形成与发展为世界各个国家特别是发展中国家参与国际市场生产和分工提供了许多机会。发达国家跨国企业凭借其对价值链中战略性环节的占据，获取高额垄断报酬。广大发展中国家凭借劳动力等低成本优势,嵌入由跨国公司主导的全球价值链,通过加工、组装等低附加值环节的参与获得较少分工收益。因此,尽管从表面上看发展中国家通过参与 GVC 分工获得了进入国际市场的机会,但实际上这是一种不平等的分工,在这种分工体系中,跨国企业往往处于主动地位,占据了价值增值链的重要环节,从而拥有"控制权"。发展中国家公司因为处在价值链低端环节,身处被俘获的地位,陷入"低端锁定"困境。

从中国看,改革开放以后,中国企业逐步融入国际生产分工体系。通过对外贸易、外商直接投资(FDI)、技术引进以及本土消化升级,中国企业的制造能力大幅度提高,成为了"世界工厂"。但是一个不争的事实是,在参与国际分工过程中,中国相当一部分企业仍处于全球价值链的低端环节,参与的仅仅是加工组装环节,具有高附加价值的研发及市场环节仍然被发达国家的跨国公司牢牢占据,造成中国企业被发达国家的跨国公司"俘获",长期依赖于跨国公司的核心技术以及国际大购买商控制的国际销售渠道,中国企业自主创新能力还有待提升,在历经长时间的快速增长之后,我国面临着进一步的挑战。因此,如何提升我国的国际分工地位,实现从生产制造环节向研发和市场环节攀升,实现全球价值链升级,是我国亟须解决的问题。

2000 年初,我国提出"走出去"战略,在该战略的倡议下,许多企业逐渐开始从事对外直接投资活动。2015 年,我国在对外直接投资领域取得了重要突破,第一次领先于同期的利用外资水平,在全球流量榜上占据了第二名的重要位置。《2017 年度对外直接投资统计公报》数据显示,2017 年末,我国对外直接投资存量在全世界中的占比达到了 5.9%,总额达到了 18090.4 亿美元;另外,从投资范围来看,投资的国家和地区数量达到了 189 个。2017 年,我国对外投资总额达到 1582.9 亿美元,全球占比连续两年超过 10%。我国对外直接投资迅猛发展,在世界经济中发挥着越来越大的作用。

对外直接投资是获得高新技术知识的有效途径,是母国获得逆向技术外溢，实现科技进步的有效方式。新经济增长理论指出，知识的产生与积累是科技发展的重要源泉，而科技发展是推动经济长期均衡发展的不懈动力。Helpman（2004）认为，经济发展的决定因素除了固定成本以及人力资本的逐渐积累之外，还包含知识及生产要素的跨国流动所带来的技术模仿、使用以及创新，在各种技术知识的获取方面，对外直接投资这种方式是高效的。东道国的高端生产要素可以利用逆向技术溢出的作用机制，反馈到母国，并且经投资国企业消化吸收之后转化成自身资源，从而提高投资企业的技术创新水平，推动其 GVC 分工地位的不断上升。

以上理论均为我国从对外直接投资视角，提升国际分工地位提供了理论基础。就我国目前而言，如何利用对外直接投资在全球价值链中谋求利益最大化，以促进开放型经济的发展，是亟待解决的一大课题。

第二节　问题的提出与重要概念界定

一、问题提出

对外直接投资和全球价值链受到了国内外研究者的广泛关注，在机理研究和实证上的研究成果都已初具雏形。但现有的研究主要聚焦于对外直接投资的技术溢出效应，缺乏从更宏大的视角——价值链升级角度来全方位地研究对外直接投资的经济效应。近年来，随着全球价值链研究的深入以及测量方法的拓展和改进，学者尝试从国家、行业和企业等不同角度来考察对外直接投资对全球价值链升级的作用。尽管如此，这些研究集中于对外直接投资的逆向溢出效应对全球价值链的作用，其不足之处在于，对外直接投资影响的具体路径以及不同的路径对全球价值链升级的影响程度还未提及。另外，国内关于对外直接投资对全球价值链之间的影响主要集中在产业结构升级角度。如何从全球价值链这个新的研究视角剖析我国在国际分工中的地位变化，如何借助我国对外直接投资实现全球价值链地位升级、摆脱我国制造业长期处于"低端锁定"的局面，是亟待深入研究的重大课题。

二、重要概念界定

(一) 对外直接投资的概念

对外直接投资是国际直接投资的一种形式,是以投资国的角度来研究海外投资的各种问题。从对外直接投资理论提出以来,国内外学者、政府以及各经济组织都对其下过定义。国际货币基金组织 (IMF) 认为,对外直接投资是指投资人在自己国籍以外的国家或地区进行企业经营并获得持续利益的投资,其主要目的是投资人想要取得该企业的经营管理有效控制权。

联合国贸易和发展会议 (UNCTAD) 公布的《世界投资报告》认为,对外直接投资的实质即一国 (地区) 的居民实体 (对外直接投资者或母公司) 在与其本国 (地区) 以外的另一国企业以获取有效控制权并享有持久利益为目的,进行长期的控制性投资。

经济合作与发展组织 (OECD) 认为,对外直接投资是指投资主体在投资的跨国 (境) 企业中拥有10%及以上的普通股权或者投票权,若投资主体拥有同等地位海外控制权也视为对外直接投资。同时将已对外直接投资关系分为控制和影响关系,将外商直接投资企业分为子公司 (50%及以上者) 和联营公司 (50%以下者)。然而,有两种情况除外:一是即使该投资主体拥有10%及以上的所有权,但也不能保证在管理经营中的话语权,不属于对外直接投资;二是拥有不到10%的所有权但在管理层中有话语权,也可算为对外直接投资。

我国商务部在《对外直接投资统计制度》中写道:对外直接投资是指我国境内投资者 (包括企业和团体) 在国外及港澳台地区以现金、实物、无形资产等方式进行海外 (境外) 投资行为,目的在于获得投资企业的经营管理权,从而实现我国境内投资者的持久利益。同时,将直接投资企业按设立方式分为子公司、联营公司和分支机构。

在《新帕尔格雷夫经济学大辞典》中,对对外直接投资是这样描述的：对外直接投资是指从本国之外获取资产的行为，将这种获取资产所有权的行为称为直接投资。这些资产可以是企业的经营管理活动，也可以是企业的固定实物资产如工厂、土地等实物资产，若股票所有权也能控制企业行为，那么也可以理解为直接投资。

日本学者小岛清有着不同的看法：直接投资应该是伴有企业经营上的控制权流动，而并不只是资产的经营。为了取得企业控制权，取得国外企业的全部或一部分股份，必须做到：（1）通过合并或者收购的形式参加到企业的经营活动中；（2）建立海外子公司；（3）获取实物资产，如建立分支机构、收购工厂、分店等。

借鉴以上定义，本书将对外直接投资定义为：对外直接投资是投资主体以取得国（境）外企业的经营管理权、享有持久利益为目的，以设立子公司、联营公司和分支机构为手段的一种投资模式。

（二）全球价值链概念

20 世纪 80 年代以来，全球价值链开始走入学者的视角，学者们就其关注的重点对全球价值链进行了不同方面的阐述分析。迈克尔·波特（Michael Porter，1985）最早提出"价值链"概念，他认为"价值链"是企业在前期产品设计、研发，中期生产销售、物流运输以及后期售后、产品支持等完成一整条产品线的全部基本活动和支持活动的集合体。这些彼此差异但又密切联系的活动共同融合成了产品价值的一个价值创造过程，我们把这种价值增长的变化过程称为价值链。

科洛特（Bruce Kogut，1985）则认为，技术、原材料、劳动是最基础的，价值链则是他们融合形成的各个关节，将其整合在一起就形成了最终的商品。价值循环则由市场交易、物流、消费、产品支持等最终完成。同时科洛特指出，国家的比较优势决定了整个价值链条形成空间分离和资源再配置。斯恩特（Sturgeon，2001）认为，价值链主要描述了某种商品或服务从生产到交货、消费和服务的一系列过程。全球价值链的组织规模包括参与该商品或服务生产活动的全部主体；全球价值链的参与主体应该包括领导企业、零售商、供应商和零部件供应商等；全球价值链的地理分布应该是十分广泛的，涵盖世界各地。从参与主体、地理分布和组织规模三个维度能比较全面地概括出全球价值链的特点。

国内学者刘仕国认为，将全球多个国家按照生产流程进行连接的产品价值链条就是全球价值链。在整个链条上，价值节点可以说是产品最终价值分解后的产物，这个过程涵盖了全球多个国家和公司，最终分散在产品从概念孕育到最终使用的各个生产阶段，包括理念设计、生产、制造、营销、品牌、配送以及售后服务。

联合国工业发展组织（UNIDO，2002）将全球价值链定义为全球性跨企业网络组织，它同样也包括产品生产、销售、回收处理等环节，各环节的参与者以自动化的业务流程与其他参与者沟通、链接，并共同分享产品的最终利润。

英国萨塞克斯大学发展研究所将全球价值链定义为：在全球范围内，产品从概念设计到最终报废的完整生命周期内包含的所有价值创造过程，包括产品设计、用户服务、营销、生产等。

综合已有的定义，本书将全球价值链定义为：全球价值链是指在经济全球化进程中出现的，以产品增加值为节点的生产链条，其包含多国参与的生产、设计、制造、品牌、营销、配送以及售后服务等环节。

（三）全球价值链升级概念

Hobady 提出了价值链升级模式的路径，即组装（Original Equipment Assembly，OEA）→代工生产（Original Equipment Manufacture，OEM）→自主生产（Original Design Manufacture，ODM）→自有品牌生产（Original Branding Manufacture，OBM）的价值链升级模式。

Humphrey 和 Schmitz（2002）在前人的研究基础上提出了全球价值链中产业升级的四种模式：工艺升级、链条升级、功能升级和产品升级。

综合以上定义，本书认为全球价值链升级是指由于企业能力的提高使得厂商能够从事全球价值链中具有更高附加价值的活动，成为更高水平生产制造活动的参与者，从而带来更高收入的活动。

第三节 研究目标与内容

中国的制造行业被长期锁定于全球价值链的低端环节，在国际分工中较为被动，长此以往会使我国对外贸易陷入"悲惨增长"的困境——贸易利得不能随着贸易扩大、就业增长而同步提高。与此同时，随着人口红利的消失、资源的日益耗竭，中国迫切需要转变外贸增长方式，实现高质量的外贸增长和全球价值链升级。本书基于对外直接投资和全球价值链理论，分析中国对外直接投资促进全球价值链升级的作用机理，利用 TiVA 数据库计算中国制造业在全球价值链中的分工地位，并进一步对其分工地位较低的原因进行剖析，通过实证检验和案例分析进行验证，提出中国对外直接投资促进全球价值链升级的战略。本书主要研究目标内容如下：（1）基于 TiVA 数据库中的数据，对中国全球价值链的分工地位进行测算、分析及国际比较，得出中国在全球价值链中的分工地位及"低端锁定"的事实，并对"低端锁定"的原因进行剖析。（2）构造理论模型探讨通过对外直接投资来实现我国全球价值链升级的机理，丰富全球价值链升级理论的相关研究成果，为从对外直接投资层面提升中国国际分工地位开辟一个新的研究视角。（3）选取中国制造业的两个典型企业华为和海尔，作为中国对外直接投资促进全球价值链升级的典型案例，为中国企业全球价值链升级提供经验借鉴和实践支撑。（4）确立中国对外直接投资促进全球价值链升级的战略选择，确立相应的主体选择、产业选择、区位选择、方式选择，为中国企业提供理论及实践指导，为政府制定政策提供理论依据。

第四节 研究方法与研究框架

本书综合运用对外直接投资、全球价值链等相关理论，采用文献梳理分析法、案例研究法、多元统计回归分析等多种研究方法，利用 TiVA 数据库，借助 Stata 计量软件，通过建立理论模型，利用 WTO 和 OECD 的

TiVA数据库1995—2014年的GVC地位指数，对我国及其他发展中国家的OFDI对GVC的升级作用进行验证，得到预期的研究结果。

全书共分为八章内容：

第一章，绪论。本章就研究背景、研究意义、研究内容及思路、研究方法、研究目标等进行介绍。

第二章，文献综述。本章系统回顾了有关GVC理论、GVC治理以及发展中国家GVC升级，有关对外直接投资的逆向技术溢出性、溢出方式与机制以及影响因素等方面的文献。指出现有文献缺乏发展中国家对外直接投资和全球价值链升级之间关系的详细研究，需要进一步拓展研究维度。

第三章，中国对外直接投资促进全球价值链升级的机理。本章主要是从对外直接投资的视角，借助"微笑"曲线，提出了全球价值链升级的三种模式：基于全球价值链纵向延伸式的低端升级，基于全球价值链横向延伸式的两端升级和基于全球价值链阶梯跃升式的链条间升级，从理论上分析了通过对外直接投资促进我国全球价值链升级的微观机理。

第四章，中国在全球价值链的分工地位：制造业证据。本章选取WTO以及OECD共同建立的TiVA数据库，测算出我国及其他62个经济体的GVC参与度与GVC地位指数，从总体与细分行业两个层面测算我国制造行业在国际分工中的参与程度与所处地位。发现近年来中国制造业的参与度和分工地位都有显著提高，表现出很高的参与度，但在国际分工地位中仍处于低端位置。就制造业内部各个部门而言，高技术行业GVC分工地位最低，低技术行业最高，形成了我国制造行业各部门的技术水平与其GVC分工地位的"错配"现象。

第五章，中国对外直接投资促进全球价值链升级的实证检验。本章在对我国对外直接投资现状及其特点介绍的基础上，借鉴Koopman的GVC地位指数，利用TiVA数据库中的统计数据，测算了包括我国在内的22个国家的GVC地位指数，并运用GLS法及GMM法进行了实证研究，计量结果证实了对外直接投资对促进发展中国家全球价值链升级的积极作用。

第六章，中国企业对外直接投资促进全球价值链升级案例。本章在对

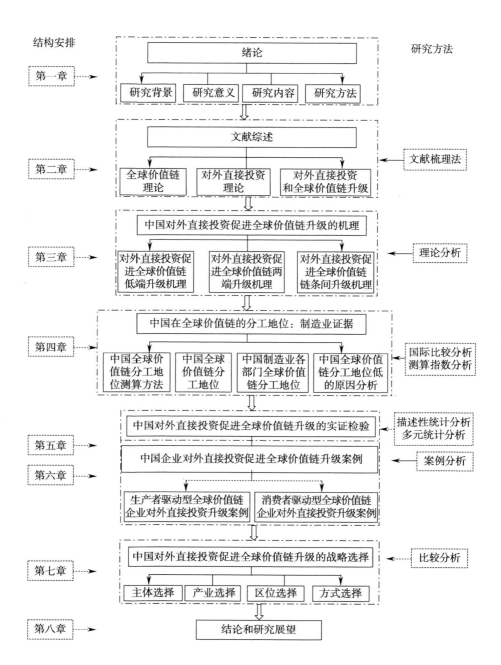

图 1-1 技术路线

我国企业对发达国家对外直接投资，获取技术的基本情况介绍的基础上，从全球价值链驱动类型角度出发，选取了通信设备制造行业和家电制造业的两个典型企业——华为和海尔作为案例，通过剖析这两个企业如何通过对外直接投资和技术进步，逐渐接近和掌握全球价值链上的战略环节，实现全球价值链攀升的进程，来进一步证实前文中对外直接投资促进全球价值链升级的理论和实证结果。

第七章，中国对外直接投资促进全球价值链升级的战略选择。在以上理论分析、实证检验和案例研究的基础上，结合"一带一路"的契机，本章就中国 OFDI 的主体选择、产业选择、区位选择、进入方式选择的战略进行综合论述。

第八章，结论和研究展望。总结本书的不足之处并且对今后研究进行进一步展望。

第二章　文献综述

随着经济全球化的快速发展，经济活动日益突破地域范围，跨越国家边界，跨国公司为了开辟新的市场、降低生产成本，将产品的许多工序、环节拆分之后遍布于全球多个国家及地区，形成了以工序、环节为特点的分工体系（卢峰，2004）。分布于世界各地的企业通过分工与协作共同完成产品的开发、生产以及售后整个流程。伴随着这种新的分工体系的形成和发展，企业之间的关系也变得日益复杂，企业间的竞争由传统的产品竞争演化为价值链竞争。同时，发展中国家加入由发达国家跨国企业主导的生产网中，受到所嵌入 GVC 不对等权利关系的制约，部分高科技企业通过对外直接投资，以期获得发达国家的逆向技术溢出，从而提高企业科技水平，摆脱"低端锁定"局面，实现全球价值链升级，这种新经济现象不能用传统国际贸易以及跨国投资理论来阐释，需要新理论来解决现实问题。许多学者通过建立新的理论框架，分析这种新的全球化经济活动特征及其发展趋势，探寻其内部运行规律和内部机理，研究成果如雨后春笋，层出不穷。本章系统整理了关于 GVC、OFDI 逆向技术溢出及其二者关系的理论研究。

第一节　全球价值链理论

尽管全球价值链是 20 世纪末才发展起来的一种理论，但是其融合了经济学、管理学、社会学和经济地理学等诸多学科的特点，发展到当前阶段，该理论已经逐渐成熟，并且朝着系统化方向发展。随着经济发展差距的日益扩大，发展中国家企业如何实现 GVC 升级逐渐成为研究热点，目前有关全球价值链升级的研究包括 GVC 的概念以及动力机制、GVC 治理以及 GVC 升级等几个部分，本章将对这些文献进行系统梳理。

一、全球价值链的概念和动力机制

波特于 1985 年发表其学术巨著《竞争优势》，书中他首创性地提出价值链这一名词并用其研究公司行为和竞争优势，他指出"一个公司要想获得利润价值，必须注重两项活动的发展：一是基本活动，这项活动包括四个阶段，分别是产品的生产阶段、产品的销售阶段、产品的运输阶段和产品的售后服务阶段；二是支持性活动，主要包括四个部门的管理，分别是原材料供应部门管理、技术部门管理、人力资源部门管理以及财务部门管理"，它们不是相对独立的，而是存在紧密的联系，"由此构成公司价值创造的行为链条"，这一链条就称为价值链。企业种类有很多，价值链也存在着不同生产环节，各个环节产生的价值也存在差异。要想获得高的价值，就要掌握关键环节，这个高价值的关键环节被称为"战略环节"。一个企业在市场中的优势就是由这一环节决定的。

Kogut（1985）发表了《设计全球战略：比较与竞争的增值链》，Kogut 重点研究了企业应该如何形成自身的国际战略，并由此提出了价值增值链这一新概念。他的观点是：企业在建立国际战略的过程中，需要着重分析两种优势的利害关系，一是国家比较优势，二是企业竞争优势。这两种优势分别对应着两个关键环节。第一种主要关系到价值附加值这一要素，控制着其空间分布；第二种主要关系到公司的竞争优势，控制着公司价值链分布环节。

Gereffi（1994）等学者通过研究美国零售商海外生产网络，建立了全球商品链的概念和分析框架。全球商品链分析方法把产业组织理论和价值链分析方法相结合，描述了经济全球化环境下通过跨国的一体化生产网络体系，产品的整个生产过程由分布于各个国家、规模迥异的企业分工合作完成的现象。它从价值链的驱动力角度来解释跨国经济活动，强调跨国企业在价值链中的强大控制权。

21 世纪初，格里夫研究团队在期刊上首次发表了名为《全球价值链的价值》的研究论文，从 GVC 的角度对经济活动进行详细的分析。他将 GVC 定义为产品在世界上，从设计到生产组装、售后到最终回收的整个价值创造的活动过程。这种将产品作为中心轴的生产活动，关注产品链上的各个增值环节，此外还非常重视价值链里各个公司间的交流互动以及利益分配。这份成果的发表是 GVC 发展的里程碑，由此形成了 GVC 的基本理论框架和概念。全球价值链与全球商品链的对比，具体如表 2 - 1 所示。

表 2 - 1　　　　　　　全球商品链与全球价值链的对比

项目	全球商品链	全球价值链
理论基础	世界体系理论、组织社会学	国际商务理论、全球商品链
研究目标	全球经济的企业内部网络	全球产业里的部门联系
概念定位	产业结构、治理、组织学习	价值附加链、治理模式、交易成本、产业升级以及租金
知识影响	跨国企业理论、比较发展	产业组织、贸易经济、国际生产网络（体系）

资料来源：Bair, j. Global capitalism and commodity chains: looking back, going forward [J]. competition and change, 2005, 9 (2): 160.

按照驱动力的不同，价值链被分成两类，一类叫作购买者驱动，另一类叫作生产者驱动（见表 2 - 2），其中，后者是由规模较大的跨国企业所推动，这类企业常常存在于资本或技术较为密集的产业里，比如汽车、计算机、航空和电子产品，领导公司的重要能力在于大规模生产和科技水平；购买者驱动价值链是由规模较大的零售商以及制造商在其中起关键核心作用，这种产品的生产网络多分布于出口地国家，尤其是发展中国家，这种由贸易导致的工业模式往往多见于劳动密集型和消费品产业，比如服装、制鞋产业。在购买者驱动价值链里，发展中国家公司通过 OEM 的方式完成产品生产环节，而销售及服务则由大型零售商以及品牌拥有者负责。领头企业并不从事产品的生产活动，其核心能力在于设计、营销、服务等高附加值环节。张辉（2004）进一步按照价值链驱动力的差异，将

GVC 划分为生产者驱动型、消费者驱动型以及混合动力驱动型。其中，生产者驱动型的 GVC 以增强核心技术能力为关键，消费者驱动型的 GVC 以构建销售渠道为关键，混合动力驱动型 GVC 则要视具体情况而定。

表 2 - 2   生产者驱动型以及购买者驱动型的全球商品链对比

项目	生产者驱动型商品链	购买者驱动型商品链
资本来源	产业资本	商业资本
核心能力	资本、技术能力	研发、设计、市场能力
进入障碍	规模经济	市场壁垒
租金类型	技术租金、组织租金	关系租金、贸易政策租金、品牌租金
典型产业部门	汽车、计算机、航空产业	服装、玩具、制鞋产业
典型企业	英特尔、波音、福特	沃尔玛、耐克、锐步

资料来源：在格里芬（Gereffi，1999）基础上自行编制。

二、全球价值链治理

所谓 GVC 治理，Gefffi（1994）将其定义为协调 GVC 中各个主体间的活动。哈姆费瑞团队（2000）的观点则是，治理是基于制度等相关机制，对价值链内的不同企业间关系进行协调，采用各种非市场化策略，协调价值链中的各个活动及环节。若把治理看作制度安排的话，那么其就是全球价值链的核心所在。因为它决定着价值链的分工以及利益分配。GVC 中的主导公司可以通过设定各种参数标准，如生产什么、如何生产、什么时候生产、生产多少以及价格等来约束和监督生产企业，以达到自己的产品质量要求。发展中国家企业之所以愿意遵守这些参数标准，是因为全球价值链能够帮助它们快速接近国际市场、提高生产能力、增加贸易利益以及提升技术能力（Humphrey & Schmitz，2001）。

研究人员依据各类标准将 GVC 治理分类。哈姆费瑞团队（2002）把治理分为市场、层级及网络三种模式。斯特恩（Sturgeon）提出了三种不同的治理模式：权威型生产网络（Authority Production Network）、关系型生产网络（Relational Production Network）和虚拟生产网络（Virtual Production Network）。Kaplinsky（2003）等从治理规则以及标准重要性角度，将

GVC治理大致分为规则制定治理（Legislative Governance）、监督裁决性治理（Judicial Governance）和执行性治理（Executive Governance）三种形式。在这些基础上，Gereffi、Humphrey以及Sturgeon（2003）依据全球价值链中供应商能力、交易可编码性及交易复杂度三个因素，又把GVC的治理划分成了五种模式：市场型（Market）、模块型（Modular）、关系型（Relational）、领导型（Captive）和层级型（Hierarchy），这五种模式也成为后面学者们分析价值链治理问题时最常用的GVC治理结构的类别划分方法。

三、全球价值链升级

（一）全球价值链升级含义

有关GVC升级的研究开始于20世纪90年代后期，学者们分别从不同学科视角和维度对GVC内企业升级进行分析，其观点也不尽相同。升级是通过创新来获取更多的附加值（Giuliani，2005；Pietrobelli & Rabellotti，2007）；Gereffi（1999）认为升级是公司实现从GVC的低附加值向高附加值环节的转变。升级方式具体体现为OEM – ODM – OEM的路径。

表2–3　　　　　　　全球价值链下企业升级轨迹

项目	过程	产品	功能	链
轨道	→			→
示例	原始设备制造（OEM）	原始设计制造（ODM）	自有品牌制造（OBM）	价值链移动，如电视黑白显像管转变为电脑显示屏
活动附加值的过程	附加值逐步增加			

资料来源：Kaplinsky, R&Morris, M. 《A Handbook for Value Research》。

其中，GVC治理结构，也就是价值链上的主导公司对本地生产商升级起着决定性作用。升级过程不仅包含物质资本投入，也包括社会资本投资，全球价值链中前项联系和后项联系的网络关系也异常重要（Bair &

Gereffi, 2003)。Schmitz & Stranmbach（2008）强调升级是由劳动密集环节逐渐转变为技术以及知识密集环节，尤其是向研发、销售、服务等高附加值环节攀升。Humphrey & Schmitz（2000）认为升级是一种学习以及创新的过程，是从价值链的低附加值逐渐转变为高附加值的过程。存在四种模式：过程、产品、功能以及价值链链条的各自升级，如表 2 - 4 所示。

表 2 - 4　　　　　　　　全球价值链升级模式的含义

升级模式	具体含义
过程升级	利用革新生产系统或使用新科技，提升生产效率，如增加存货周转、降低损耗、及时交货等
产品升级	增加新产品或者比竞争者更好地改进旧产品，利用个人和价值链的连接或者各个价值链链条间的关系，改变新产品发展过程
功能升级	重组价值链环节，提高产品附加值，或者从事不同环节的业务。比如，从生产环节向研发和营销服务环节的转变
价值链升级	以公司在原价值链上的知识和能力为基础，从一个价值链跨向另一个具有更大价值的价值链，如台湾企业从收音机转换器生产到计算器、电视、电脑显示器和笔记本生产的转换

资料来源：作者根据资料整理。

在 2002 年的年度报告中，UNIDO 在题为 "*Competing through innovation and learning*" 中阐明了全球价值链的升级机制："GVC 为发展中国家公司提供了各种机会，加入 GVC 能够改善和提升其自身能力，对发展中国家公司来说，需要尽快加入全球价值链，及时采取有效行动，力争使公司各项指标达到全球标准，同时，通过有意识的学习以及创新获得一定技术也是非常重要的。鉴于未来技术和市场的光明前景，上述努力是非常有必要的。"

综合以上观点，尽管学者们对企业全球价值链升级的概念和方式研究视角不同，但都强调本地企业从全球价值链上获取更多附加值的动态过程，主张通过学习和创新来获取价值链中更多的附加价值，实现本地企业从基于低成本优势的低端道路向基于创新的高端道路的攀升。

（二）全球价值链升级的影响因素

发展中国家公司嵌入跨国企业主导的 GVC，希望通过这种国际分工方式获得更多贸易利益，实现价值链攀升，但在现实中困难重重，究竟哪些因素制约了企业的升级之路？

1. 企业自身因素

Morrison（2008）认为公司，自身技术实力是决定公司全球价值链升级的重要因素，GVC 的升级过程便是企业不断提升自身技术水平，提升创新能力的过程。Saliola 等（2007）也秉承了同样的观点，强调企业全球价值链升级是一个技术学习和能力累积的过程。York（2001）作出补充，把公司的动态能力、公司资源以及组织能力作为影响公司升级的因素。涂颖清（2011）通过研究认为对制造公司 GVC 升级产生影响的因素还有公司的人力资本。李美娟（2010）则认为企业家精神缺乏是导致中国公司升级困难的关键问题。陈菲琼等（2007）则从 GVC 动态性角度研究企业转型升级的可能性和机会，认为公司的技术和创新水平、动态、资源和组织能力均会影响其升级。

2. 产业集群因素

部分学者从产业集群层面对企业 GVC 升级进行分析。这类研究综合了产业集群理论和全球价值链理论，把集群内部的企业互动、企业间学习和技术外溢等因素和全球价值链中的知识外溢结合起来，系统分析如何通过参与全球价值链，提高集群内公司的内生创新力，实现企业转型升级。汉弗莱与施密茨（2002）提出，产业集群里公司的战略意图以及政策环境是升级的两大关键要素。Pietrobellli 等（2004）通过对拉美地区 40 个中小企业产业集群的实际调查研究，认为升级受到公司自身努力和其所处环境的影响。龚三乐（2009）认为全球价值链存在"大区域离散，小区域集聚"现象，因此，嵌入 GVC 的发展中国家企业往往位于特定产业集群中，其在价值链内的升级势必受到集群环境影响。在集群内，其自身吸引外部因素的能力以及企业的创新和学习能力对企业的升级有着共同的影响。张辉

（2006）提出，GVC 包括生产者、购买者以及混合型三种模式。不同的驱动模式导致不同的集群形成方式和升级轨迹，所以应根据产业集群的特点确定企业升级战略。王益民（2007）则提出了"战略意图型集群"的概念。指出发展中国家企业之所以升级困难，是因为发展中国家的产业集群是基于全球生产网络原有的联席机制以及跨国公司的网络权利，并不一定导致集群本地嵌入性与当地网络联系的深化与发展，从而导致"伪升级"。王辑慈（2004）从集群创新角度出发，提出发展中国家的产业集群是基于低劳动力成本优势而形成的，缺乏创新动力，制约了集群内企业的升级。梅丽霞（2010）延续该观点，进一步指出集群中的本土创新公司的技术创新和集群内部公司间的相互联系决定了集群与公司的升级。

（三）全球价值链升级机理

根据全球价值链理论，联合国工业发展组织建议，企业需要根据自己的技术能力来寻找参与全球价值链的位置，通过创新和学习来加强或提升自己在价值链中的地位，加快获得产业能力和产品市场（UNIDO，2002）。学术界目前也普遍认同存在技术创新和组织学习两种升级机理。

1. 技术创新

公司升级和创新之间紧密相连，升级通常被认为是通过创新得到的结果。Kaplinsky & Morris（2001）区别了两种嵌入全球价值链的路径：低端道路和高端道路。其中嵌入低端道路的生产厂商会面临激烈的竞争从而导致"底部竞争"，而嵌入高端道路的企业可以实现持续增长，导致这两种截然不同的路径的关键原因就在于企业的创新能力。Pietrobelli & Rabellotti（2004）强调了全球价值链中，国际大购买商对发展中国家生产厂商创新活动的引领作用。Gereffi（1994，1999），Giuliani（2005），Kaplinsky（2000），Humphre and Schmitz（2002），Pietrobelli & Rabellotti（2006）都普遍认同在全球价值链下，跨国公司和生产厂商之间的国际联系对于发展中国家企业获得技术知识、提升技术创新能力起着关键的作用。Nonaka（1995）则通过构建 SECI 模型，说明企业技术创新过程中隐性与显性知识间互相作用、互相转化的过程以及社会化（Socialization）、外部化（Externalization）、综合化（Combination）、内部化（Internalization）四种基本模式实现螺旋式创新的过程。

2. 组织学习

在组织内部不断进行学习是公司持续发展的源泉，也是公司升级必不可少的因素。参与 GVC 为发展中国家的公司创造了学习和升级机会，价值链高端环节的知识外溢和扩散为企业学习提供渠道。发展中国家企业能否实现升级，取决于企业学习强度、学习意识和学习速度，只有及时抓住价值链片段化带来的知识扩散，提高自身创新能力，才能实现企业竞争力的提升（Cohen，Levinthal，1990）。Kim（1997）提出，通过对技术引入的学习已经成为发展中国家科技进步的重要源泉。Mathews 和 Cho（1999）通过对韩国半导体产业的研究，认为通过持续不断地学习、吸收，后进者方能促进技术的进步和应用，实现价值链升级。Cooke（2001）指出区域创新网络是企业学习的有效载体和平台。Schmitz（2000）阐明了国际大购买商双重身份，指出其对供应商的严格控制的同时给予了供应商间接的学习机会，帮助他们向价值链高端攀升。潘利（2007）提出了"链网互动理论"，指出企业升级要同时关注 GVC 与区域创新系统，相应的企业学习模式也可划分成链内学习与网内学习两类。盖文启（2002）则更进一步对创新网络如何促进企业组织学习，提高企业竞争优势进行了详细论述。（Gereffi & Lee，2012）强调产业集群内大企业的带动作用和集群内各个部门之间的协作和企业升级的关系。Jin（2002）、Morrison 等（2007）研究了全球价值链嵌入方式对知识溢出和知识转移的影响，以及由此而推动的企业升级。Ernst 和 Kim（2001）建立了一个综合性的分析框架，将 GPN、全球价值链中的知识扩散和供应商能力提高紧密地结合起来，系统研究后发国家企业如何利用价值链中的技术扩散提高自身技术能力。尤其强调供应商的吸收、学习能力是实现升级与否的关键因素。

有关 GVC 升级的机理，国内学者大都建议企业通过学习与持续创新，提高技术能力与竞争力，寻找恰当时机加入 GVC 的高端环节，在国际分工中获取更大利益。

(四) 全球价值链升级路径

1. "序贯式"升级

格里夫 (1999) 研究东亚服装制造业的 GVC 后指出，发展中国家公司能够沿 OEM→ODM→OBM 路径实现 GVC 自动升级。斯密茨关于 GVC 升级路径可以看作是当前学术界最为认同的一种途径，其途径主要为：工艺升级—产品升级—功能升级—价值链间升级。龚三乐团队 (2009) 指出：上述四种升级可划分为两个层次，即低层次和高层次，低层次主要为产品及工艺的升级，而高层次则为功能及价值链间的升级，需要公司更多的努力，也很难实现。毛蕴诗等 (2012) 采用案例研究法，基于微笑曲线以及对偶微笑曲线，进一步探讨企业转型的路径，得到了十条企业微笑曲线及相关升级路径。

2. 国内价值链构建

发展中国家的经济发展过程中，已经涌现出大批主攻本国市场的龙头企业，挑剔的、有经验的本土消费者的需求刺激技术创新和产业升级 (Poter, 1990)，本土市场的需求和技术创新条件可能更有助于本土企业的创新能力积累和提升 (Pietrobelli, 2008)。Bazan & Akenan (2004) 通过对巴西西诺斯谷的鞋业集聚企业的研究指出，当发展中国家企业从"出口中学" (Learning by Exporting) 转向"在国内市场学" (Learning with Market)，从以国际市场作为产品的销路转向以国内市场为基础的发展，从以跨国公司为主导的准层级型价值链 (Quasi - Hierarchy) 转向以本国市场为基础的国内价值链 (National Value Chain, NVC) 时，便可以摆脱跨国公司的低端锁定，实现产品在研发设计、品牌销售等环节的功能升级。Kadarusman (2013) 经案例分析发现，部分公司并不是通过加入跨国公司主导的 GVC，而是大力开发国内市场以及新兴国家市场，提高创新水平，完成功能性升级的。Azmch (2014) 通过研究亚洲服装业产业链发现，亚洲跨国生产商在 GVC 的地位发生了明显的变化，由原来的从属于主导企业逐渐转变为和主导企业共同协作，形成共同领导，通过建立区域供应链和零售网络，为后者提供市场预测、物流仓储、研发设计、品牌运作等新的服务，不断参与到更多功能、更大范围的 GVC 活动中。国内学者刘志彪（2007）则进一步明确，为提升中国企业国际分工地位，可以凭借国内空间市场来构建国家价值链（NVC），利用国内市场，获取 NVC 条件下的价值链绝对控制权，树立主导地位，通过 NVC—AVC（Area Value Chain）—GVC 的逐渐过渡发展，最终形成和全球价值链内主导企业之间的均衡关系，甚至构建由我国企业主导的全球价值链（刘志彪、张杰，2007；刘志彪，2012）。

3. 市场势力构建

另外，国内部分学者从构建本土企业市场势力角度来探讨中国企业升级之路。张小蒂、朱勤（2007）认为，我国企业之所以在全球价值链中面临低端锁定问题，主要原因在于我国企业缺乏市场势力，需要进一步加强，从"环""链"以及"群"三大层面分别提出了相应建议。李凯、高佳琪（2011）以昆山 IT 产业为例，通过建立市场势力不对等模型，进一步说明跨国公司为代表的买方势力对当地供应商的压榨及其对公司转型的影响。

此外，一些学者对于企业 GVC 升级持不同看法，认为发展中国家企业参与 GVC 不可能存在自动升级过程。Schmitz（2000）对制鞋业的实证研究发现，发展中国家可以顺利地实现产品升级和过程升级，但当尝试向设计以及营销等价值链高端环节功能升级时会遭到全球价值链治理者的阻挠，究其原因主要是主导企业害怕供应商侵犯其利益，所以要千方百计地阻碍生产商的升级行为。卓越（2009）指出，在市场型治理模式下，企业可以实现功能和价值链升级，但是对于俘获型模式价值链而言，企业只能进行前两个阶段的升级，功能升级由于涉及品牌、营销等环节，会遇到 GVC 中主导企业的阻挠，使其升级难以实现。

第二节　对外直接投资理论

作为国家间的一种资本流动方式，对外直接投资对一国经济的快速发展有着较强的带动作用。尤其是在全球价值链迅速发展的背景下，这种促进作用更加明显，很多国家为了促进经济发展，纷纷通过制定各种政策鼓励本国企业走出国门，通过 OFDI 活动参与全球分工体系。

经典的 OFDI 理论垄断优势论（Hymer，1960）、产品生命周期理论（Vernon，1966）、内部化理论（Buchley & Casson，1976）、国际生产折中理论（Dunning，1977）等都是将发达国家的 OFDI 活动当作研究目标，很少从发展中国家视角研究其 OFDI 活动。尽管后来有少部分学者站在发展中国家 OFDI 视角进行分析，并提出小规模技术理论（Well，1983）、技术地方化理论（Lall，1983）、技术积累理论（Cantwell & Tolentino，1987）等理论，但这些理论仍是将发展中国家的 OFDI 行为看作发达国家 OFDI 的补充，仍然不能完整地解释现如今中国大量的对外直接投资行为以及其和全球价值链升级之间的联系。本部分系统梳理了 OFDI 逆向技术溢出的存在性、途径与机制、影响因素三方面的内容。

一、对外直接投资逆向技术溢出的存在性

众多公司迈入国际市场的原因何在？从国家角度来说，企业 OFDI 可以有效地推动国内经济发展；就企业本身而言，OFDI 可以提供本国所没有的广阔市场，获得本国所没有的特定资源，尤其是国外拥有国内没有的高精尖技术和高素质的人力资本。因此，许多研究人员从技术溢出方面研究企业的 OFDI 活动。实际上，OFDI 能够得到技术溢出，且该溢出一般表现为逆向性，也就是公司在投资时能够获取到所投资国家的技术溢出。尼格尔与詹姆斯把基于对外投资所得到的溢出称作技术的逆向溢出。母国公司之所以开展 OFDI 活动，就是想通过投资获取东道国的先进科技。那么究竟该种形式的 OFDI 能否真的可以获得技术的逆向溢出？如果存在的话，

溢出途径或机制是怎样的？又有哪些因素影响着技术的逆向溢出？GVC 升级和 OFDI 之间存在什么样的关系呢？诸多学者对此做了分析和研究。

（一）OFDI 逆向技术溢出的实证研究

分析逆向技术溢出最早的学者是来自日本的 Chang 及 Kogut（1991），他们主要分析的对象是日本的海外投资公司，经过研究发现，日本企业在美投资大部分集中于研发型产业，因此他们认为日本企业的动机主要是为了获得美国技术，并由此提出了逆向技术溢出的猜想。Neven & Siotis（1993）对西欧国家吸引的 FDI 进行了研究，发现进入欧洲的外国直接投资资本大量集中在 R&D 较高的行业。同样地，Yarnawaki（1993）也发现日本公司在对外直接投资时，往往选择技术水平较高的合作伙伴。Coe 和 Helpman（1995）认为国贸技术可以实现国际间传递，由此估计了一国 R&D 与外国 R&D 技术外溢对全要素生产率的影响，证实了技术在国际间传递的真实性。Potterie 和 Lichtenberg（1996）对 Coe 和 Helpman 在对 R&D 溢出模型改进的基础上，把 OFDI 变量引入，来检验 OFDI 的逆向技术溢出情况，并得到了验证。Branstetter（2000）分析了日本公司在美投资，结果证实日资公司对美投资的确提升其技术水平，进一步证实 OFDI 具有逆向技术溢出效应。Branstetter（2000）使用专利数据分析日本通过 OFDI 带来的技术外溢，计量结果证实其研发类和产品研发类公司从美国获得的知识外溢相对于其他环节更为明显。Braconier 等（2001）利用瑞典跨国公司数据，证实东道国研发资本存量同母国得到的技术外溢之间存在正向关系，这说明，OFDI 越集中于研发密集度高的国家，逆向技术外溢效应越显著。

国内方面，常玉春（2011）通过分析中国大型国企 OFDI 得出结论，中国企业的 OFDI 具有显著的逆向技术溢出效应。蒋冠宏等（2014）使用2004—2006 年 761 家中国工业公司 OFDI 数据研究 OFDI 对生产率的影响，发现中国公司生产率的提高确实是 OFDI 的结果。杜金涛和滕飞（2015）通过我国 1985—2013 年的 OFDI 数据，发现 OFDI 存在显著的技术外溢。蒋冠宏（2017）通过 2001—2012 年中国企业并购数据，发现中国企业的跨国并购提升了行业的生产率。

但是,一些学者的实证研究也得到了一些相反的结论。Braconier & Ekholm(2001)对瑞典企业的 OFDI 数据进行分析,发现瑞典企业 OFDI 没有对生产率产生影响。白洁(2009)发现中国的 OFDI 并未对全要素生产率产生显著影响。刘伟权(2010)通过中国 1987—2008 年研发费用及专利授权数量,发现 OFDI 对国内技术进步不明显。朱彤等(2012)使用中国 OFDI 的逆向研发资金溢出和逆向人力资本溢出两个指标,测算 OFDI 对技术进步的影响,结果不显著。尹东东和张建清(2016)利用 OFDI 的省级信息进行研究,也证实 OFDI 的逆向技术溢出效应不显著。

(二)OFDI 逆向技术溢出理论分析

以上研究多是基于实证检验,还有一些学者从理论方面进行了研究。Dunning(1998,2001)基于投资动机的差异将 OFDI 划分成四种类型,即寻找战略资源、寻找生产效率、寻找市场以及寻找自然资源等,其中战略资产寻求型的投资目标就在于得到东道国的知识、学习经验以及管理方法。Fosfuri(1999)通过构建古诺模型,从理论上论证了落后国家通过对外直接投资行为实现对先进国家追赶的可能性。Siotis(1999)基于两国不同供应商同类产品古诺模型的构建,证实了逆向技术溢出的存在性。冼国明(1998)建立了落后国家对先进国家的"学习型 FDI"模型,从技术积累、竞争方法等角度研究落后国家的 OFDI 活动。马亚明和张岩(2003)从技术扩散视角出发,建立技术的单项扩散以及双向扩散两个模型,证实发展中国家通过对发达国家的 OFDI 是实现科技进步的一条有效途径。杜群阳团队创建了 MAL 三优势理论,基于理论的角度对欠发达国家通过 OF-DI 能够获取先进技术给出了详细的论证。

二、对外直接投资逆向技术溢出途径研究

在国外学术界中,研究逆向技术溢出机制或途径的学者或研究机构相对较少,而在国内相关研究则是百花争鸣。有些研究人员从国家宏观层面

分析 OFDI 的逆向技术溢出机理，探究怎样利用 OFDI 活动提高公司技术水平和产业创新水平。赵伟等（2006）在总结前人经验之后发现，OFDI 和母国技术发展之间存在四个传导机制，即产品开发的外围剥离机制、成果反馈机制、逆向技术转移机制和费用分摊机制等，但这四个传导机制仅限于发达国家的 OFDI 活动。部分学者从企业的微观角度来分析逆向技术溢出的相关途径。陈菲琼等人（2009）完成了企业自主创新及 OFDI 能力增强框架体系的构建，并提出了发达国家 OFDI 对自身企业技术创新进行反馈的四大机制，即公共效应、收益反馈、国外研发以及子公司本土化等。陈岩（2011）通过华为企业海外经营的案例分析了海外成果反馈对母公司技术发展的影响。

三、影响对外直接投资逆向技术溢出的因素

国内与国外学者都从各个角度对 OFDI 逆向技术溢出进行了分析，有关研究证实，此种溢出具有显著的国家差异，是哪些因素对其产生影响？研究人员分别从以下方面进行论述。

（一）吸收能力

吸收能力这一名词最初源于 Cohen & Levinrhal，指发现、吸收和同化外在知识价值，并最终在商业中运用的能力，用来检验母国对外来技术的吸收及其利用能力。Siotis（1999）认为母国吸收先进技术水平的能力直接决定着 OFDI 的逆向技术溢出程度，吸收能力越强，技术外溢效应越显著；吸收能力越弱，则外溢效应越不显著。衣长军等（2015）把吸收能力分为经济开放度、人力资本等几个方面，并发现其存在非线性门槛效应且可以推动母国科技发展。另一些学者立足于中国国情，从国内地区差异角度研究发现，相对于西部地区，中国东部地区由于有着丰富的人力资本和研发投入，对外来科技的吸收力更强，更容易从 OFDI 中获得逆向技术外溢效应（宋勇超，2015；王雷，2015）。叶建平和申俊喜（2014）选取人力资本等五个相关变量，研究这些变量对 OFDI 逆向技术溢出的吸收能力，发

现 OFDI 的逆向技术溢出具有明显的动态特点，在某数值之前，吸收力较弱，一旦跨过该门槛，吸收能力会显现出明显的提高。付海燕（2014）提出 OFDI 逆向技术溢出对母国技术发展具有显著的国别差异，在个别国家，甚至会出现抑制作用，这主要取决于其国内吸收能力。

（二）技术差距

许多学者提出，技术差距是对逆向技术溢出多少产生影响的一个非常关键的因素。一些学者认为技术差距和母国获得的技术溢出成正比，即技术差距越大，投资国越容易吸收东道国的先进技术，获得的技术溢出更多。但是，还有部分研究人员提出技术差距与母国得到的技术溢出成反比，如果投资国与东道国的技术差异太大，会加大投资国企业学习的困难和减慢学习进程的，吸收外来技术的效果就相对较差。Fendlay（1978）、Wang & Blomstrom（1992）认为两个国家间的技术差异越大，落后国的公司学习、模仿先进国的可能性越大，技术差距以及逆向技术溢出具有正相关性。而 Kokko（1994）等认为两国之间技术差距太大时，落后方很难学习以及吸收先进国家技术，即技术逆向溢出和技术差距呈现出反比关系。我国方面，刘明霞（2011）提出技术外溢受到国内与国外技术差距的影响，当差距比较小时，外溢效果才明显。李梅和柳士昌（2012）则认为技术外溢具有显著的地域差异，只有在经济比较发达的东部区域，该效应才明显，而且 OFDI 技术外溢具有门槛效应，只有当决定该效应的诸多因素超过了"门槛"，OFDI 才会对母国技术发展产生积极作用。

（三）制度

近年来新兴起的制度经济学，促使诸多研究者们开始基于制度层面对企业的 OFDI 行为进行审视。在《新制度经济学》中，科思就曾提到：社会所制造的劳务及产品给人类自身提供了诸多的福利，而经济制度效率又是社会产品和劳务制造的决定性因素。蔡冬青（2012）运用东道国的公共治理、知识产权保护等制度变量衡量 OFDI 的技术外溢效应，发现这些制度变量能明显提高 OFDI 的技术外溢。李梅等（2014）则从母国制度层面分析 OFDI 逆向技术外溢效果，其主要基于六个支持变量做了深入的研究，这六个变量分别为政策开放力度、公司的扶持、对教育的支持、知识产权保护力度、对金融的支持以及对科技的支持。通过研究发现，只有企业支持对技术外溢有着负面影响，其他变量都是积极影响。

（四）其他因素

OFDI 逆向技术溢出的影响要素除了以上三个以外，还有一些学者从其他角度进行了论述。金融体系效率对于一国资金的使用效率至关重要，金融深化可以减少交易和信息不对称成本。所以，许多研究人员从金融深化视角研究 OFDI 逆向技术外溢效果（Levine，1997；Alfaro，2004；Hermes & Lensink，2003；Koske，2009；江小涓，2010；周春应，2009）。社会资本体现为人与人之间规范的团体关系，以及由这种关系带来的相互信任和高效率的交易，从而降低知识技术等无形产品的交易成本。周春应（2009）对逆向技术溢出效应所受社会资本的影响进行了实证检验。

此外，产业结构、高科技产业发展、地理空间和东道国与母国的文化底蕴也可以看做影响 OFDI 逆向技术溢出的重要因素（J. Fosfuri and S. Kortum，1999；Kuang - Hann Chou et al.，2011；周春应，2009；R. Sivak. et al.，2011）。

第三节 对外直接投资和全球价值链升级

国内外研究人员认为 OFDI 的逆向技术溢出有助于一国技术进步，很少分析 OFDI 对于一国 GVC 升级的作用。近年来，随着各国参与全球价值链程度的不断加深，部分学者认为一国通过对外直接投资获得的技术溢出可以促进该国国际分工地位的提高，尤其是发展中国家通过对外直接投资活动可以获得发达国家先进的技术，这种反向的技术外溢有助于发展中国家在全球价值链中地位的提升和优化。Palit（2006）认为来自经济发达国家的技术外溢是落后国家技术升级的重要途径，落后国家通过反向的技术溢出可以实现在全球价值链中地位的提升。Brach & Kappel（2009）通过构建理论模型分析非 OECD 国家的技术升级和全球价值链地位提升之间的关系，发现 OFDI 是技术转移的重要渠道。Niosi & Zhegu（2010）以世界飞机制造业为例分析了技术溢出的渠道与机制，发现通过参与全球价值链和外包的知识流动是发展中国家掌握先进技术，实现价值链升级的有效途径。Lall & Cantwell（1990）提出"技术地方化理论"和"技术创新产业升级理论"，从理论上论证了发展中国家通过对发达国家的 OFDI 可以获得先进技术，改善企业工艺流程，促进企业向价值链高端延伸。

我国个别学者也认为通过 OFDI 获得的技术能够推动中国 GVC 地位的提高。杨连星和罗玉辉（2017）利用 2003—2011 年行业数据，实证验证 OFDI 逆向技术溢出和中国 GVC 嵌入程度和地位间的联系，发现行业层面以及国家层面的 OFDI 逆向技术溢出均对我国 GVC 升级有明显促进作用。李超和张诚（2017）通过 2000—2014 年世界投入产出表，实证分析了中国对外直接投资对制造业全球价值链升级的影响，发现 2008 年以后中国 OFDI 促进了中国 GVC 地位的提高。

第四节　小结

20 世纪 50 年代以来，金融全球化使人员、技术等在全球范围内加速流动，随着竞争日益激烈，跨国企业在全世界重新配置资源，以降低生产以及交易成本。在这种背景下，国际分工模式也发生变化，产品生产的各个环节被分割到各个国家以及地区生产，产生了价值链链条环节的 GVC 分工。在这种新的分工模式下，传统的产品间的比较优势转化为产品价值链链条上的优势，引发了全球贸易模式的变革。跨国公司作为全球价值链的主导者，按照各个国家和地区的比较优势，将生产要素配置在价值链的不同环节，形成了全球性的国际分工体系。此种新模式更进一步强化了世界各国间的合作。中国也不失时机地加入其中，以实现本国产业升级以及经济快速提升。但是，由于缺乏核心技术和销售渠道，中国大部分企业只能从事价值链中非核心环节的生产，长此以往，在国际分工中处于不利地位。如何摆脱对发达国家的依赖，掌握价值链中的关键环节，实现中国GVC升级是一个亟待解决的现实问题。

总体来看，现如今学术界对于GVC分工的分析着重于理论拓展、GVC治理和升级方面，尽管在OFDI和OFDI逆向技术溢出方面进行了分析和实证检验，但是对于发展中国家OFDI和全球价值链升级的关系尚无定论。因此，继续拓展全球价值链的分析维度，以发展中国家OFDI活动为研究重点，是下一步的研究方向。尤其是中国作为最大的发展中国家，如何通过对外直接投资方式促进全球价值链升级，实现国际分工地位的提升和摆脱"低端锁定"，是亟待深入研究的重大课题，需要进一步深刻、全面的定性和定量分析。

在对国内外现有文献进行整理之后，笔者发现还存在着许多有待于深入研究的方向。

第一，分国别进行GVC升级研究。国内与国外已有文献虽然对许多发展中国家GVC升级方式进行研究与讨论，然而大多数只停留在理论研究与探讨，缺乏从单个国家角度进行针对性的研究，更缺乏进一步的实证分析和检验。每个国家自然条件、要素禀赋和经济发展条件和程度不同，参与全球价值链的程度不同，在国际分工中的地位也各不相同，如何根据每个国家的具体情况进行更具针对性地研究，是下一步工作的方向。

第二，从主动构建GVC的层面分析全球价值链升级问题。现如今，对GVC升级的研究多是针对以发展中国家为价值链的被动接受方，很少从主动构建GVC方面探讨，忽略了发展中国家的国内市场和新兴市场的作用，然而，现实情况是市场需求可以拉动企业的创新，消费者需求的不同会迫使公司不断进行产品研发及创新。所以，应该充分研究国内市场与新兴市场对GVC升级的影响，从主动建立GVC方面研究GVC升级是今后的重点研究方向。

第三，目前研究大多基于产业中观层面或者国家宏观层面分析，缺乏从企业微观角度的论证。公司是全球价值链升级的主体，公司的学习和创新力是其升级的最主要的源泉。企业升级过程更多的是企业自身主动学习和创新的过程，而不是一个被动的知识接受者，目前的研究侧重于跨国公司的知识转移和技术外溢，而对企业的学习意愿、学习强度和创新能力等方面的研究比较欠缺，而这正是全球价值链升级最为关键的。如何从企业自身主动性视角出发，研究全球价值链升级也是今后的一个研究方向。

第三章　中国对外直接投资
促进全球价值链升级的机理

在前一章本书考察了我国在 GVC 中的国际分工地位，得知尽管近年来我国制造业参与国际分工的程度以及地位都有显著提升，表现出很高的参与度，但在国际分工地位中仍处于低端位置，与发达国家存在着很大的差距。这种"低端嵌入"式全球价值链参与方式带来了中国对外贸易"突飞猛进"的增长和开放型经济的快速发展；同时也带来了不协调、不平衡、不可持续性等问题，尤其是随着国内劳动力、土地等生产要素价格的日益上涨，国际金融危机后世界贸易保护主义抬头，如何通过全球价值链升级实现可持续发展，改变国际分工的地位，获得更多的劳动分工利益，日益成为中国融入全球价值链，扩大开放型经济发展所需要解决的问题。

开放经济的发展是一种双向循环系统。中国改革开放以来，主要是"引进来""走出去"步伐比较落后。在以贸易投资一体化发展为特征的全球价值链分工格局中，"走出去"对于解决中国目前现状意义重大。"走出去"不仅可以通过国际产业梯度转移为国内产业升级提供更广阔的资源和空间，还可以获得来自世界各地的技术、资金、知识和战略资源，提高公司在国际上的竞争力，加快其 GVC 升级。尽管我国"走出去"步伐较晚，但已取得了骄人业绩。商务部《2017 中国 OFDI 统计公报》表明：从2003—2016 年，我国 OFDI 水平连续 13 年增长。2017 年，中国 OFDI 总金额为 1582.9 亿美元，同比下降 19.3%。出现首次负增长，但仍然是历史上第二高位，连续两年占全球总量的 10% 以上。中国对外投资在全球的影响不断扩大，其投资流量仅次于美国和日本，位居世界第三。从双向投资角度分析，我国外商 OFDI 流量连续三年高于吸引外资水平。可以预期的是，随着中国国内市场融资能力的不断加强，人民币汇率的稳中有升和"一带一路"倡议的实施，我国 OFDI 的发展前景会越来越好。

因此，在我国深度融入 GVC 和 OFDI 快速发展的环境下，从 OFDI 促进 GVC 升级视角讨论我国的 GVC 升级问题，探寻其内在作用机理，既有重大的理论意义，又有着迫切的现实意义。本书从中国 OFDI 活动促进全球价值链升级的微观机理分析入手，详细论述中国 OFDI 促进全球价值链升级的作用机理。

在全球价值链快速发展的背景下，国际分工已经由传统的产业间分工转变为各个产业内部产品内各个环节的分工，这种新的分工模式改变了传统的产品生产模式和贸易模式，成为当今世界商品跨国流动的一种新现象。在这种新的分工模式下，产品的整个价值实现过程被分为三大部分：一是研发环节部分，包括产品概念的提出、创意、研发及设计；二是生产环节部分，包括产品零部件的生产和最终产品的组装，三是营销环节部分，包括产品销售、物流及其售后服务、回收等。三大部分在产品最终价值实现中的作用和重要性不同，自然各个环节创造的附加价值也各不相同，其对整个产品增值能力的贡献可以用"微笑曲线"来表示，如图 3 - 1 所示。在曲线的两端研发和营销、品牌服务环节附加值较高，而曲线中间生产制造环节附加值较低。正是由于全球价值链在不同环节和不同价值链条间的价值增值空间存在差异性，为企业全球价值链升级提供了可能。

关于全球价值链的升级模式，Schmitz（2008）强调升级是从劳动密集环节逐渐转变为技术以及知识密集环节，尤其是向研发、销售、服务等高附加值环节攀升。Humphrey & Schmitz（2000）认为升级是一种学习以及创新的过程，是从价值链的低附加值逐渐转变为高附加值环节的过程。存在四种模式：过程升级（Process upgrading）、产品升级（Product upgrading）、功能升级（Functional upgrading）以及价值链链条升级（Chain upgrading）。本书在借鉴前人研究的基础上，借助微笑曲线，提出全球价值

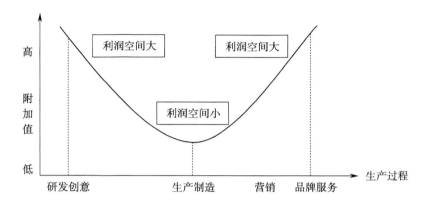

图 3-1　全球价值链

链升级的三种模式：基于全球价值链纵向延伸式的低端升级，基于全球价值链横向延伸式的两端升级和基于全球价值链阶梯跃升式的链条间升级，从理论上研究和分析对外直接投资促进我国全球价值链升级的机理。

第一节　对外直接投资促进全球价值链低端升级的机理

全球价值链的形成与发展为中国参与国际市场生产和分工提供了许多机会。发达国家跨国企业凭借对价值链中战略性环节的占据，获取高额垄断报酬。中国凭借劳动力等低成本优势嵌入由跨国公司主导的全球价值链，通过加工、组装等低附加值环节的参与获得较少分工收益，处于价值链中的低端环节。然而，由于同一产品在生产流程、使用要素禀赋及产品质量方面的差异性，不同企业在产品制造、组装环节所获得的附加价值各不相同，从而为企业实现全球价值链低端升级提供了可能。

全球价值链低端升级模式如图 3-2 所示。一开始，企业位于微笑曲线 I 上的 A 点从事生产，仅获得较低的附加值 π_1，与两端从事研发和营销环节的企业相比，企业间通过参与全球价值链生产获得的附加值存在较大差异。当企业实现价值链升级后，即中国企业在微笑曲线上 I 上的 A 点上升至 B 点，企业所获利润也随之上升为 π_2，与原先 A 点的 π_1 利润相比，附加值得到明显增加，相应地，与价值链两端的研发和销售环节的附加值差距也明显缩小，说明通过全球价值链低端升级，企业在国际分工中收益增加。从图形上可直观看出，这种升级模式使微笑曲线变得更为平坦。

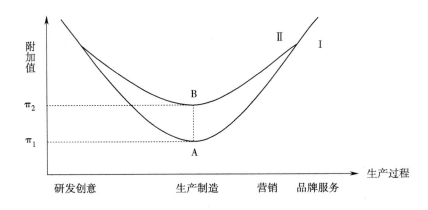

图 3 - 2　全球价值链低端升级

全球价值链低端升级模式使企业在生产环节的附加值提高，主要是通过降低企业生产成本、提高附加值的方式实现。本章将通过对外直接投资促进全球价值链低端升级的机理归纳为以下四种效应，机理分析如图 3 - 2 所示。

一、前向倒逼效应

一方面，发展中国家企业以绿地投资形式在发达国家设立企业，一开始由于与东道国上游企业缺乏联系，会选择从母国供应商进口上游中间投入品，从而带动母国上游中间品的出口，在本国中间产品出口的推动下，需求的增加将推动本国上游产业的生产规模和创新活动的扩大。拉奥（1980）早就指出跨国公司通过前向联系可以产生技术外溢。另一方面，海外市场的竞争远大于国内市场。随着与东道国上游企业关系的逐步建立，中间投入品的选择性随之增加。如果母国上游供应商提供的中间品达不到要求，投资公司将从东道国的上游供应商处购买中间产品，外国出口市场的损失将迫使母国的上游供应商提高其创新能力。提升产品质量来争夺丢掉的市场。这种倒逼机制，会促进母国上游企业不断技术创新，满足国外市场日益变化的需求，从而提高企业的技术水平，技术水平的提高会降低产品的单位生产成本，增加利润，从而实现价值链低端升级。

二、双向交流效应

企业进行对外直接投资活动势必会与东道国企业的人员产生联系，造成企业间人员的流动，人员流动是技术扩散的重要载体，这一人员流动和随之带来的企业之间的信息和技术交流往往是双向的。一方面，投资国企业进入东道国时，会在当地招聘员工，东道国员工进入投资企业后，必然会将其自身拥有的技术和知识带入企业。尤其是高层次技术人员，往往具有投资企业员工所不具备的研发能力，其会把自身携带的技术知识在新公司中进行运用，间接提升投资国企业整体的技术能力和水平，尤其是中高层管理人员的流动，会带来更丰富的管理经验，从而提高整个企业的运营效率。另一方面，投资国企业的人员也可以进入东道国企业学习、交流，在与行业顶尖人才的共事过程中，投资国企业的人员可以更方便接触到世界领先的技术资源，逐步掌握行业科技前沿，并把这种高端要素带回本企业，提升企业技术水平。这些高层次研发和管理人员的双向流动，在很大程度上加速了知识和技术在国家间的传递、外溢和流动。带来企业技术实力的增强，技术能力的提高会带来产品生产率的提高和附加值的增加，促使企业全球价值链低端升级。

三、规模经济效应

所谓规模经济，是指由于生产规模扩大，单位产品的生产成本逐渐降低。规模经济是 GVC 中不同增加值环节利润的重要来源，GVC "大区域离散，小区域集中"的特点，就是基于价值链中不同价值环节遵照其生产的"最佳规模"进行专业化生产的表现。通过这种片段化和"最佳规模"的生产，降低单位产品生产成本，从而增加产品利润。OFDI 会使商品市场销售规模扩大，市场规模扩大会降低单位产品的生产成本，实现规模经济，间接促进价值链升级。我国高科技企业华为公司对俄罗斯和巴西等新兴经济体的投资就是出于这种目的。另外，东道国市场消费者消费需求的差异性也会迫使投资企业不断对产品进行改良换代，以满足不同地区消费者对产品差异化的需求，差异化产品可以促进企业不断拓展国际市场，扩大生产规模，从而形成规模经济，同样可以降低企业的平均生产成本，提高利润，实现全球价值链低端升级。

四、研发费用分摊效应

一方面，发展中国家拥有低成本劳动力的资源禀赋优势，为开展全球价值链中劳动密集型环节的生产提供了条件，在投资所在地雇佣人员直接从事生产活动，可以大幅度地降低人力成本，使得企业有更多资金用于研发。同时消费需求的增加和市场规模的扩大，会带来企业销售量的扩大和利润的增长，投资公司利润的增长又会带动国内公司利润的增长，使公司有更多资金用于研发。另一方面，在 GVC 分工中，发达国家跨国企业往往仅保留产品整个生产流程中的"战略环节"，即核心业务部分的生产，而将非关键性部分外包给其他国家和地区。研发也可以通过参与全球价值链方式，实现核心研发业务和外围研发业务的分离。中国企业通过对外直接投资可以让东道国企业分摊部分 R&D 费用，投资企业只需掌握全球价值链"战略环节"部分，即对核心技术的掌控，而将外围技术分包给技术更为落后的国家和地区，以便节省资金和时间，降低产品的单位生产成本，实现全球价值链低端升级。

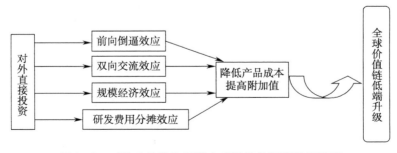

图 3-3　对外直接投资促进全球价值链低端升级机理

第二节　对外直接投资促进全球价值链两端升级的机理

中国作为一个发展中国家，在技术和市场方面与发展了几百年的发达国家相比，处于劣势，由于缺乏嵌入全球价值链高端所需的高端要素，在融入国际分工体系的初期，中国大部分企业从事的往往都是加工组装环节，充当跨国公司的"加工车间"。但是全球价值链的出现，为中国企业弥补技术和市场方面的劣势提供了机会，中国企业可以通过对外直接投资方式获得发达国家的技术，或者通过跨国并购方式取得其市场渠道，再经过进一步地消化、吸收、再创新，对资源进行重新整合，不断提高企业自身的技术实力和市场营销能力，当这些高级要素积累到一定程度的时候，就可以实现对发达国家的追赶甚至是超越，逐步向全球价值链中技术和销售环节攀升，实现全球价值链升级。

全球价值链两端升级模式如图 3 - 4 所示，全球价值链两端升级包括两种方式：第一种是从生产制造环节向技术和研发环节升级，如图中箭头①所示，起初，企业位于微笑曲线上的 A 点，所获得的附加值为 π_1，随着企业技术水平的提升，逐渐向价值链高端攀升，与上游企业的技术差距逐渐缩小，甚至个别企业拥有独一无二的技术，可以处于某领域的技术前沿，如图 3 - 4 所示，企业最终升级至微笑曲线的 B 点，B 点与 A 点相比，企业的附加价值有了很大幅度的提高，在全球价值链的地位也随之提升。第二种升级模式是从生产制造环节向营销环节的升级，如图中箭头②所示，起初，企业位于微笑曲线上的 A 点，所获得的附加值为 π_1，随着企业市场销售能力的提高，逐渐向价值链高端攀升，如图 3 - 4 所示，企业最终升级至微笑曲线的 C 点，C 点与 A 点相比，企业的附加价值大幅度提高，国际分工地位也得到了极大地改善。上述两种升级模式，都使得企业在全球价值链的附加值增加，国际分工地位提升。

通过以上分析可知，全球价值链两端升级主要通过两种方式进行：一是向上游技术研发环节攀升，提高企业自身技术研发能力；二是向下游营

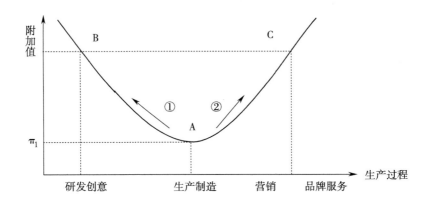

图 3 - 4　全球价值链两端升级机理

销环节攀升，提高企业市场营销能力。具体来说，通过对外直接投资促进中国全球价值链升级的机理可以归纳为以下四个效应。

一、地理邻近效应

　　发达国家是技术创新的来源地，尽管经济全球化导致了跨国公司生产的全球布局，但是核心技术和生产的关键环节仍然保留在其国内。由于知识这种要素的空间约束性，在较短时间内，技术知识的传播只局限在一定的空间地理范围之内，众所周知，欧美日等发达国家通常是研发与设计的重要源头，中国企业通过直接投资于这些国家研发集聚区和产业集聚地，有利于技术学习、技术传播和技术溢出，更近距离地接近海外技术创新领导者，摆脱技术外溢的地理空间约束，增加获得技术外溢的概率。另外，地理邻近性会增加企业人员之间见面的机会，便于开展面对面的交流，更容易产生和建立信任关系。从而通过地理邻近性来间接促进隐形知识传播和技术外溢，使得投资企业从本地联系中获得更多收益，实现企业研发和设计能力的提高和技术进步。所以，为了获取发达国家的先进技术，发展中国家企业可以在发达国家进行绿地投资，也可以并购当地企业，获取逆向技术外溢和技术进步，实现向全球价值链上游技术环节的升级。

二、逆向技术溢出效应

传统的 OFDI 理论认为，一家公司只有在某些方面具有特定优势，这些优势必须是东道国公司所不具有的，才可以开展 OFDI 活动。然而，全球价值链的出现和生产过程的日益全球化，打破了这种传统观点。企业可以采用在国外设立研发中心或者购买国外企业的"卓越中心"（centre of excellence）的方式获取先进技术。投资国企业的投资通常投向研发密集度高的东道国，比如 20 世纪 90 年代日本向美国的投资（Kogut & Chang，1991）以及美国和日本向欧洲的投资（Neven & Siotis，1996），通过接近高端要素集聚地，投资国企业可以接触并获得东道国企业的技术和知识，当技术从东道国传递到母国企业，再进一步扩散至母国其他企业时，就产生了逆向技术流入。

逆向技术溢出主要历经两个阶段：技术获取阶段和技术传递阶段。第一阶段是获取东道国投资企业的知识，即通过学习、模仿等方式从东道国获取先进技术，这一阶段是中国投资企业获得逆向技术溢出的关键阶段。第二阶段是技术的母国传递过程。境外投资机构通过企业内部渠道将先进技术、知识和研发成果转移给母公司，经母公司消化吸收后，真正转化为企业自身科研实力，从而提高母国企业的自主创新能力。这两个阶段缺一不可，前者是后者的基础，后者是前者的应用和升级，通过这两个阶段的循环往复，投资企业实现技术进步，实现向全球价值链研发环节的攀升。

三、学习模仿效应

发达国家一般拥有众多的高端生产要素，如良好的研发基础设施、丰富的人力资本、数量巨大的专利成果。通过在发达国家投资绿地，中国公司可以以独资或合资的形式在这些国家建立研发机构，并广泛吸收其先进的高端生产要素。早期众多研究（Lake，1979；Mansfield and Romeo，1980；Riedel，1975；Swan，1973）已研究发现东道国的高科技企业对投资企业起到了很大的示范引领效应。越来越多的企业逐渐开始研究发展中国家企业对外直接投资带动的母国企业的学习模仿效应（尹华、朱绿乐，2008 等）。一方面，东道国企业凭借其良好的研发基础设施、丰富的人力资本资源，引领着世界技术领域的最前沿，给投资国企业起到了很好的示范作用；另一方面，由于地理上的邻近性，为绿地投资企业接近世界先进技术提供了便利，通过密切追踪投资国企业及其研发机构的前沿技术，再经投资企业进一步地学习和模仿，从而提高自身技术水平，了解和掌握了世界前沿技术领域的发展，通过各种技术转移渠道将该技术转移回母国企业，实现投资企业和母国企业整体研发能力和科技水平的提高，实现向全球价值链上游研发环节的升级。

四、国际市场拓展效应

对外直接投资使得中国企业面向更广阔的国际市场，国际市场上消费者地处不同国家和地区，有着不同的文化背景和消费习惯，必然会存在不同的需求。消费者需求的差异迫使投资企业重新思考产品定位和设计理念，通过充分了解海外消费者的需求，有针对性地进行新产品的研发和生产，学习、吸收东道国企业的市场开发能力，逐步促使中国企业在产品营销、渠道建设、消费者培育、品牌宣传、售后服务等方面不断提高，进行持续的变革和创新，使东道国消费者逐渐了解和接受新产品，拓展产品的国外市场。这种异质性市场的拓展过程，可以弥补企业自身在市场营销方面的劣势，综合提升其市场开发能力，促进企业逐步实现从全球价值链的低端环节向高端营销环节的攀升。

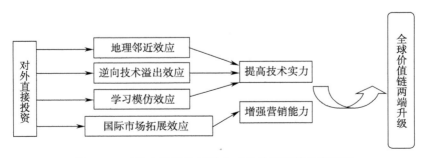

图 3 - 5　对外直接投资促进全球价值链两端升级机理

第三节　对外直接投资
促进全球价值链链条间升级的机理

对于参与全球价值链的企业来说，加入同一价值链中不同环节附加值的差异，使得企业实现低端生产制造环节升级和向两端研发和市场升级成为可能。但是不同产业和产品的全球价值链，其附加值也存在着很大的差异。所以，企业可以将参与前一价值链获得的技术和各种资源加以整合，用于具有更高附加价值的其他价值链中，同样可以实现全球价值链的升级。比如企业可以将参与冰箱全球价值链中获得的各种能力用于空调设备的价值链中，提升企业价值空间，通过在不同价值链链条间转变，实现全球价值链升级。

全球价值链链条间升级模式如图3－6所示。全球价值链链条间升级包括两种方式：第一种是单纯的附加值提高，如图中箭头①所示，一开始，企业位于微笑曲线Ⅰ上的A点从事生产，仅获得较低的附加值 π_1，与两端从事研发和营销环节的企业相比，企业间通过参与全球价值链生产获得的附加值存在较大差异。当企业从曲线Ⅰ转变到Ⅱ曲线上后，即从微笑曲线上Ⅰ上的A点上升至具有更高附加值曲线上Ⅱ的B点，企业所获利润也随

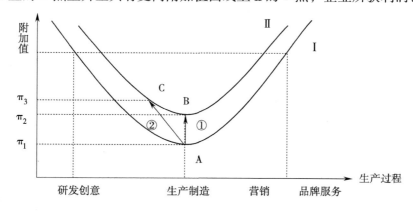

图3－6　全球价值链链条间升级机理

之上升为 π_2，与原先 A 点的 π_1 利润相比，附加值得到明显增加，企业在国际分工中收益增加。第二种升级模式是国际分工地位的提升，如图中箭头②所示，起初，企业位于微笑曲线上的 A 点，所获得的附加值为 π_1，当企业从曲线 I 转变到 II 曲线上后，即从微笑曲线上 I 上的 A 点上升至具有更高附加值曲线上 II 的 C 点，企业所获利润也随之上升为 π_3，与原先 A 点的 π_1 利润相比，附加值得到明显增加，企业的国际分工地位也得以提升。总体来说，通过对外直接投资实现企业全球价值链链条间升级主要通过以下两种效应来实现。

一、跨国并购的协同效应

对外直接投资方式会影响技术获取的效果和途径，一般而言，投资形式分为跨国并购和绿地投资两类。跨国并购可以快速获得被并购企业的先进技术和各种稀缺要素，还可直接获得大量现有研发成果和专利技术的使用权，同时还获得了发达国家高科技企业的技术和营销渠道，因此，这一方式备受直接投资企业的青睐，正日益成为中国对外直接投资的主要形式。

另外，并购企业通过并购获得技术和市场，还能够实现并购的静态以及动态两种协同效应。所谓静态协同效应是指综合利用技术资源，避免重复生产和研发活动；动态协同效应指由于资源互补性以及技能配合导致公司技术创新水平的提高。企业可以将跨国并购所获得的各种资源加以整合，将其应用到更高附加价值的全球价值链中，实现全球价值链链条间的升级。除此之外，跨国并购的协同效应还可以给并购企业带来三种额外的经济效益。

(一) 规模经济

跨国并购之后公司规模快速扩大，规模扩大是实现规模经济的首要前提。规模经济分为两种情况。就静态规模经济而言，企业在同时进行不同产品的生产过程中，可以将跨国并购获取的新技术用于这几类不同产品的生产上，同时提高这些产品的科技含量和质量，由于技术的"通用性"特征，所产生的可变成本相对减少，从而带来企业平均成本的降低，而且一种技术的"通用性"越强，适用的领域越广，静态规模经济效应就越显著。就动态规模经济而言，由于生产规模和产量的增加，"干中学"效应越来越突出，由于知识这种特殊生产要素具有"边际成本递减"的特性，会在产品单位生产成本下降的同时，提高企业生产和技术效率，增加企业利润，从而实现全球价值链链条间的升级。

（二）范围经济

范围经济是公司因为经营范围扩大，产品种类的增多而引起的产品单位成本降低。与规模经济不同，范围经济往往是企业通过提供一系列产品而获得的单位成本节省，这些节省主要来自分销、研发及服务等部门，也称为"跨田施肥"。这种"跨田施肥"效应可以加速产品的多样化进程与新产品的研发，促进新技术的分享与扩散，促使企业在产品多样化的同时，实现全球价值链链条间的升级。

（三）速度经济

跨国并购还可以使并购企业获得速度经济方面的优势。首先，跨国并购使得过去企业之间的技术外溢和传导转为一个企业内部技术的消化和吸收，这种技术传递速度远快于企业间的技术流动，大大节约了时间，从而提升了并购公司的技术进步效率。其次，跨国并购的技术"拿来主义"使得并购公司不仅获取技术，还得到了产品，缩短了其产品进入市场的时间，从而赢得了时间优势，获得了速度经济，加速其全球价值链升级步伐。

跨国并购的协同效应和随之带来的三种经济效应，尤其是范围经济，可以加速企业产品的多样化进程与新产品的研发，促进新技术的分享与扩散，促使企业在产品多样化同时，实现全球价值链链条间的升级。

二、要素合理配置效应

日本学者小岛清认为随着国家经济发展，原先是比较优势的产业会逐渐成为比较劣势产业，这些在投资国中失去了比较优势的产业，可以通过对外直接投资方式，转移至经济发展水平更为落后的国家，为国内产业升级腾出空间和资源，通过国内要素更合理的配置，实现国内产业升级。依照该理论，中国对外直接投资企业可以通过对周边广大发展中国家的直接投资，转移过剩产能，对国内企业的资源和要素重新合理配置。我国与周边发展中国家相比，劳动力成本逐渐上升，但技术优势也较为明显。从外部因素来看，近几年很多发展中国家正大力加快推进本国工业化进程，由于这些国家基础设施落后，迫切需要外国投资来拉动国内经济增长，这就为我国企业过剩产能的转移提供了千载难逢的时机。中国现如今产能过剩的产业主要涉及：炼钢、水泥、电解铝、平板玻璃等，此类产业对我国来说，属于落后、淘汰产能，但对周边发展中国家来说，却是亟待发展的产业。通过对外直接投资，中国企业可以将该类产业转移至周边发展中国家，重新对要素进行优化配置，集中资金和要素，专注于全球价值链更高附加值产业的生产与研发，实现全球价值链链条间的升级。

三、动态能力提升效应

通过对发达国家技术先进地区的投资，一方面，企业可以近距离接触世界技术前沿，了解不同国家消费者的市场需求，快速获得行业最新的技术和市场信息，了解世界最领先的技术研发和市场态势，增强企业进入国际市场的机会。另一方面，通过对外直接投资方式进入东道国市场，会产生逆向技术溢出，这种技术溢出会增加母公司的技术积累，再通过企业进一步地消化、吸收和再创新，通过"干中学"及后发优势，增强企业自身的技术能力和对企业内部资源的整合和重构能力，经过以上过程的不断螺旋式重复，企业自身的技术能力、市场营销能力及其综合竞争力会不断得到提升，这种动态化的竞争力提升，使得企业自身实力不断增强，等技术资源和学习研发能力积累到一定程度，对外直接投资就能实现全球价值链链条间的阶梯式跃升，从而实现全球价值链链条间的升级。

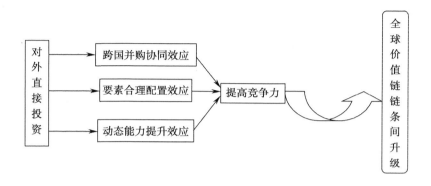

图 3-7　对外直接投资促进全球价值链链条间升级机理

第四节　小结

在全球价值链快速发展的背景下，国际分工已经由传统的产业间分工转变为各个产业内部产品内各个环节的分工，这种新的分工模式改变了传统的产品生产模式和贸易模式，成为当今世界商品跨国流动的一种新现象。在这种新的分工模式下，产品的整个生产过程被分为若干环节，不同环节对产品最终价值的实现重要性和作用不同，具体表现为各个环节创造的产品附加值各不相同。通常来看，产品的整个生产过程可形象地比喻为一条"微笑曲线"，曲线的两端研发和营销、品牌服务环节附加值较高，而曲线中间生产制造环节附加值较低。正是由于全球价值链在不同环节和不同价值链条间的价值增值空间存在差异性，为企业全球价值链升级提供了可能性。

作为一个在全球价值链中从事低端环节生产的发展中国家，中国企业如何通过对外直接投资实现全球价值链升级，是本章所要探讨的重要问题。本章主要是从对外直接投资的视角，借助微笑曲线，提出了全球价值链升级的三种模式：基于全球价值链纵向延伸式的低端升级，基于全球价值链横向延伸式的两端升级和基于全球价值链阶梯跃升式的链条间升级，从理论上阐释了通过对外直接投资促进我国全球价值链升级的微观机理。

　　总体来说，基于全球价值链纵向延伸式的低端升级，主要是通过前向倒逼效应、双向交流效应、规模经济效应和研发费用分摊效应这四种效应实现全球价值链升级；基于全球价值链横向延伸式的两端升级主要是通过地理邻近效应、逆向技术溢出效应、学习模仿效应和国际市场开拓效应这四种效应实现全球价值链两端升级；基于全球价值链阶梯跃升式的链条间升级主要是通过跨国并购的协同效应、要素合理配置效应和动态能力提升效应来实现全球价值链链条间升级。这三种不同的升级模式，尽管升级的机理有所不同，但都能增加企业在全球价值链中的附加值，实现企业向价值链高端环节的攀升和国际分工地位的提高。

第四章　中国在全球价值链的分工地位：制造业证据

随着科技的发展和网络信息技术的进步，原先阻碍商品跨境流动的障碍逐渐减少，为国际贸易的开展提供了更为便利的条件，国际贸易形式也随之改变。第二次世界大战后，国际分工逐渐从产业内分工转向产品内分工，跨国公司逐渐成为国际分工的主导者。国际贸易产品按照产品生产过程的不同被分割为不同的环节，按照比较优势原则，分布在相应的国家和地区，再通过跨国公司的统一组织和协调，相互联系。这种生产环节的分割和任务的分区域配置，导致了"无国界产品"的出现。传统意义上的产品由某一个国家制造随之转变为世界制造。当今世界的国际贸易产品，除了一些极少数的资源型产品外，很难找到一种产品完完全全来自一个国家制造和生产。

据此，一件产品从最初的研发、设计、零部件生产、组装、物流、营销到最终销售，从生产过程角度来看，在各个参与国家和地区之间形成一个"全球生产网络"（International Production Networks）；而从产品价值创造和实现角度来说，世界上所有参与国际分工的国家和地区之间形成了一个"全球价值链"（Global Value Chain - GVC）。全球价值链的出现，为更多的国家和地区参与国际分工提供了广泛的机会，但同时也造成了同一件产品多次跨越国界进出口"重复统计"的问题，结果各国之间的贸易不平衡被严重"扭曲"，造成了各个参与国之间贸易利益的"失真"，掩盖了各国贸易的真实利得。因此，迫切需要对传统的贸易统计方法进行改革，以还原国际分工背景下各参与国的真实情况。

为了解决产品的重复计算问题，使贸易数据更为客观真实地反映各个参与国的真实贸易利益，许多国际组织对传统的统计方法进行了改革，提出了一些更符合现实情况的新的统计方法。其中，以"国际投入－产出表"（the World Input－Output Tables－WIOT）作为基础，根据 GVC 参与国本国实现的"增加值"作为统计标准的"增加值贸易"（Trade in value Added－TiVA）统计方法，得到了学界的广泛认同，并被越来越多地应用于国际贸易的理论研究、政策分析和实践应用中。TiVA 统计方法的提出及 WIOT 的数据库，不包括贸易额计算中的重复计算部分，重新审视了贸易对一国就业、环境和各个产业的影响，更为客观公正地度量了该国的国际分工地位和贸易利得，同时也提供了一种更加接近现实的、更为准确的新的研究方法和统计数据。

在上述研究基础上，本章借助 OECD 和 WTO 发布的 TiVA 数据库，运用 Koopman 等所构建的"GVC 参与指数"（GVC Participation Index）和"GVC 地位指数"（GVC Position Index），从"价值增加值"角度重新度量中国参与国际分工的程度并计算我国的国际分工地位，通过更为客观的数据来详细分析中国制造业总体及其内部各部门在国际分工中的地位和真实的贸易利得。

第一节　中国在全球价值链分工地位的测算方法

在 Daudin 等（2009）提出的按照 GVC 对一国出口产品的全部价值进行"增加值"分解的基础上，Koopman 等（2010）构建了全球价值链参与指数和全球价值链地位指数两个指标，来综合反映一国参与国际分工的程度和在国际分工中的地位。考虑到相同 GVC 地位指数的两个国家会具有不同的 GVC 参与度，Koopman 建议运用全球价值链参与指数（GVC－Paticipation）和全球价值链地位指数（GVC－Position）两个指标，来综合衡量一国某产业的国际分工地位。

一、测算指标

库普曼等根据出口价值增值对出口贸易额进行了分解：首先，将一个国家某个行业的出口总额分为两部分：国外增加值和国内增加值。之后再将后者进一步分为四部分：直接出口到进口国的最终产品和服务（I）、进口国用来生产本国所需产品的中间品（II）、进口国加工后再出口给第三国的中间品（III）、进口国加工后再出口返回母国的中间品（IV），如表4-1所示。

表4-1　　　　　　　　　　一国总出口的附加值分解

附加值	总出口
国内增加值	直接出口到进口国的最终产品和服务（I）
	作为　　进口国生产国内所需产品（II）
	中间　　进口国加工后出口给第三国（III）
	产品　　进口国加工后再返回母国（IV）
	出口
国外增加值（V）	

资料来源：根据 Koopman 的研究整理而得。

基于上述对总出口附加值的分解，Koopman 等构建了 GVC - Paticipation GVC - Position 两个指标来反映一国参与国际分工的程度和国际分工地位。其中：

$$GVC_{-Position} = \mathrm{Ln}(1 + IVir/Eir) - \mathrm{Ln}(1 + FVir/Eir)$$

其中，$IVir$（Indirect Domestic Content of Gross Exports）称作间接增加值出口，表示 r 国 i 产业出口的中间品经进口国加工后又出口给第三国的价值增加部分（表4-1中的 III 部分）。$FVir$（Foreign Value Added Content of Gross Exports）为国外增加值，表示 r 国 i 产业增加值出口中的国外增加值部分（表4-1中的 V 部分）。Eir 表示 r 国 i 产业以增加值统计的总出口额。当一国 i 产业处于该产业国际分工的上游环节（包括研发、设计、品牌、零部件生产等）时，通常会向其他国家提供原材料或中间品，因此其间接增加值 $IVir$ 占总出口 Eir 的比例就会高于国外增加值 $FVir$ 占总出口 Eir 的比例，相应地 $GVC_{-Position}$ 就高；反之，一国 i 产业处于该产业国际分工的下游（主要指最终产品的组装）环节时，通常会向大量进口其他国家的中间品来生产最终品出口，此时 $IVir$ 会小于 $FVir$，相应地 $GVC_{-Position}$ 就低。

但是，即使这两个国家拥有相同的全球价值链地位指数，它们的全球价值链的参与度也会有很大差异。换句话说，全球价值链地位指数无法衡量一个国家的全球价值链参与度。为了更好地分析一个国家的国际劳动分工参与程度，考夫曼进一步确定了全球价值链参与程度的指标：

$$GVC_{-Participation} = IVir/Eir + FVir/Eir$$

$GVC_{-Participation}$ 为 r 国 i 产业参与全球生产网络的程度，该指标越大说明一国参与国际分工的程度越高。其中，$IVir/Eir$ 为前向参与度，$FVir/Eir$ 为后向参与度。

二、数据来源

为了推动传统国际贸易统计方法的改革，支持 TIVA 测算方法与建立新的贸易统计数据库，WTO 联合 OECD 进行了国家间投入—产出模型研究，利用世界上不同国家的投入—产出表，建立起来一个关于增加值贸易的 TiVA 数据库，该数据库于 2013 年 5 月在 OECD 官方网站正式发布（http：//stats. oecd. org/），并于 2016 年进行了修订，新修订的数据库测算了 63 个国家、34 个产业从 1995—2014 年增加值贸易的指标。对比 2013 年版，新修订的数据库在地理范围覆盖、产业选择、时间跨度方面进行了拓展，数据更加全面，统计效果更为显著。本章中有关中国制造业的国际分工地位计算所需数据均来自该网站正式发布的 TiVA 数据库。

第二节　中国在全球价值链的分工地位

本部分利用 TiVA 数据库提供的增加值贸易数据，实际测算中国制造业总体的 GVC 参与度指数、GVC 地位指数，并通过与 TiVA 数据库中其他国家和地区排名的对比进行分析，来一窥中国制造业总体在全球价值链分工中的地位。

一、中国在全球价值链的测算指数分析

（一）中国制造业总体 GVC 参与度分析

从表 4 - 2 中的 GVC 参与度来看，中国在全球价值链分工参与度非常高，基本维持在 0.7 以上。说明中国利用自身廉价劳动力的比较优势，积极参与国际分工，承接发达国家的产业转移，通过加工、组装等方式融入全球价值链，在国际分工中占有很重要的席位。通过数据可以看出，1995—2000 年中国制造业的 GVC 参与度比较稳定，均维持在 0.740 以上，自 2005 年开始，中国 GVC 参与度逐年上升，从 2000 年的 0.740 上升到 2011 年的 0.775，说明加入 WTO 促进了中国改革开放的步伐，加速了中国融入国际分工的进程。但是从 2011 年之后，中国制造业的 GVC 参与度逐年下降，从 2011 年的 0.775 下跌到 2014 年的 0.737，究其原因，主要是因为 2008 年席卷全球的金融危机造成世界各国贸易保护主义兴起，世界经济这种"逆全球化"的现象，影响和延缓了全球价值链的分工和合作，造成了中国制造业的 GVC 参与度大幅下跌。尽管中国制造业的 GVC 参与度历年来有涨有跌，但是从整体来看，基本维持在 0.7 以上，一直保持在世界前 5 名的位置。说明中国这些年来不断加强与世界上其他国家的合作，外贸规模不断扩大，融入全球价值链的程度也逐渐加深。

表 4 - 2　　　　　　　　1955—2014 年中国 GVC 参与度排名

年份	GVC 参与度	GVC 参与度排名
1995	0.742	4
2000	0.740	5
2005	0.768	2
2010	0.775	3
2011	0.775	4
2012	0.738	3
2013	0.740	4
2014	0.737	4

资料来源：根据 TiVA 数据库计算得来。

（二）中国制造业总体 GVC 地位指数分析

从表 4-3 可见，中国制造业的 GVC 地位指数在 2005 年以前，整体情况很落后，一直居于 50 名之后，在 63 个国家中处于末位，但是 1995—2005 年排名不断上升，从 56 位上升至 50 位。2008 年更是迅猛发展，上升至 27 位，位居 63 个国家的中上游，尽管国际金融危机之后出现了下滑，排名跌至 32 位，但很快在 2011 年又恢复到原来排名。从总体发展趋势来看，中国制造业 GVC 地位指数呈现不断上升趋势，由 1995 年的 -0.106 上升至 2014 年的 0.001，国际排名也从第 56 位上升至第 25 位，尤其值得说明的是，2014 年中国制造业的 GVC 地位指数结束了多年负数的状态，第一次转为正数并破天荒地达到历史性的 0.001，说明随着中国外贸规模的不断扩大，中国逐渐加强了与世界上其他国家的经贸合作，外贸发展不仅有量的增加，更有质的提升，伴随着中国深度融入全球价值链的进程，中国制造业的国际分工地位正在不断提高。

表 4-3　　　　　1995—2014 年中国 GVC 地位指数排名

年份	GVC 地位指数	GVC 地位指数排名
1995	-0.106	56
2000	-0.170	52
2005	-0.139	50
2008	-0.015	27
2009	-0.002	32
2010	-0.020	35
2011	-0.019	27
2014	0.001	25

资料来源：根据 TiVA 数据库计算得出。

从图 4-1 中的 GVC 地位指数来看，中国制造业 GVC 地位指数呈现先大幅下降后缓慢回升再逐步平稳的特征。转折点分别出现在 2000 年、2009 年和 2011 年，演变轨迹大致呈"勺子"形状。这种发展特征具有深刻的宏观经济背景。从 20 世纪 90 年代开始，中国宏观经济政策根据市场的实

际运行情况，不断进行调整，分别历经了"出口导向型"战略—大力发展
加工贸易战略—"三驾马车"协调拉动战略三个阶段。全球价值链地位指
数的变化很好地印证了宏观经济政策的调整过程。从图4-1中可以看出中
国 GVC 指数发展大致可以分为四个阶段：

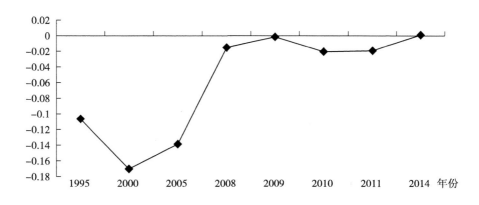

图 4-1　1995—2014 年中国制造业 GVC 指数

（资料来源：根据 TiVA 数据库计算得出）

第一阶段是1995—2000 年的下降期。20 世纪90 年代，中国拥有较多
的资源和劳动力，技术、资本相对短缺，按照比较优势理论，中国出口的
多为资源和劳动密集型产品，出口产品附加值较低，工业化程度远远落后
于发达国家。为了进一步加快中国的工业化进程，缩短与发达国家的差
距，中国实施了"出口导向"型的外贸战略。按照这一发展战略，中国大
量出口自己的优势产品来换取提高工业化水平所需的技术和设备，在贸易
结构上就表现为进口产品中"最终产品"成套机器设备等所占比重高，
"中间品"比重低；而出口产品中"中间品"资源和原材料比重高，"最
终产品"比重较低。这种贸易结构反映在 GVC 地位指数上，就表现为较
高的 GVC 地位指数和国际分工地位。

随着"出口导向型"战略的实施，中国制造业的生产能力迅速扩张，
造成国内自然资源的日益短缺和零部件配套能力的不足，严重阻碍了本战
略的进一步实施。随着世界第三次产业转移的浪潮，中国改变了发展战
略，开始大力发展加工贸易，进一步融入全球化进程。在这一阶段，中国

的对外贸易的特点是"两头在外",即从"亚洲四小龙"等周边国家大量进口原材料和零配件,经国内加工和装配后销往欧美发达国家。体现在贸易结构上就表现为:"中间产品"在进口中的比例逐渐提高,在出口中所占比重不断降低。具体到 GVC 地位指数上就表现为中国制造业国际分工地位的持续下滑。

第二阶段是 2000—2008 年的上升期。认识到加工贸易对制造业分工地位的不利影响后,中国在"十一五"期间开始转变经济发展战略,从单纯依靠投资、出口拉动转向"投资、出口、消费"协调拉动转变。推动加工贸易转型升级,增强国内"中间品"的配套生产能力,加大企业技术创新等一系列鼓励政策的实施,使得中国制造业出口商品结构发生了变化,进口中的"中间品"比重逐渐下降,出口中"中间品"比重逐渐增多。反映在 GVC 地位指数上就表现为自 2000 年起中国制造业的国际分工地位开始出现回升。

第三阶段是 2009—2011 年的下降期。2008 年波及全球的金融危机,引发了世界性的贸易保护主义,这种"逆全球化"的经贸状况,阻碍了全球价值链的分工和发展,再加上美国提出的制造业重返美国国内的倡议,严重阻碍了中国制造业攀升全球价值链的进程,造成 GVC 地位指数的不断下滑态势。

第四阶段是 2011—2014 年的上升期。在这一阶段,经过金融危机后的不断调整和适应,再加上中国 30 多年外贸的发展经验,中国政府对外贸进行进一步地调整,推动加工贸易转型升级,加快中间品的生产和出口,提高企业自主创新能力,一系列政策和配套措施的出台,使得中国的对外贸易由"数量型"增长向"质量型"增长转变,发展的质量和效益稳步提高,表现在 GVC 地位指数上就呈现不断上升态势。

二、中国在全球价值链的测算指数国际比较

本章根据 TiVA 数据库测算出其中包含 63 个国家和地区的 GVC 参与度与 GVC 地位指数,进行了比较分析。

表4—4 2014年世界主要国家和地区GVC参与度与GVC地位指数

排名	国家	GVC参与度	GVC地位指数	排名	国家	GVC参与度	国家	GVC地位指数
1	HKG: Hong Kong, China	0.7688	0.3229	17	POL: Poland	0.7239	ITA: Italy	0.0401
2	MYS: Malaysia	0.755	0.2365	18	FIN: Finland	0.7231	TUR: Turkey	0.0287
3	VNM: Viet Nam	0.7416	0.229	19	NOR: Norway	0.7216	HRV: Croatia	0.0203
4	CHN: China (People' Republic of China)	0.737	0.2214	20	PRT: Portugal	0.7210	CHL: Chile	0.0196
5	HUN: Hungary	0.7356	0.2168	21	TWN: Chinese Taipei	0.7209	IND: India	0.0163
6	SVK: Slovak Republic	0.7343	0.2049	22	LTU: Lithuania	0.7206	DNK: Denmark	0.0102
7	CZE: Czech Republic	0.7342	0.198	23	BRA: Brazil	0.7205	ROU: Romania	0.0069
8	BEL: Belgium	0.7340	0.1818	24	SGP: Singapore	0.7204	PHL: Philippines	0.0032
9	IND: India	0.7339	0.163	25	MEX: Mexico	0.7203	CHN: China (People's Republic)	0.001
10	TUR: Turkey	0.7332	0.1464	26	KOR: Korea	0.7202	DEU: Germany	-0.0076
11	ZAF: South Africa	0.7321	0.1275	27	NZL: New Zealand	0.7168	ISL: Iceland	-0.0193
12	NLD: Netherlands	0.7320	0.1185	28	THA: Thailand	0.7129	LVA: Latvia	-0.0303
13	FRA: France	0.7290	0.0913	29	LUX: Luxembourg	0.7109	HKG: Hong Kong, China	-0.0307
14	ISL: Iceland	0.7282	0.0876	30	EST: Estonia	0.71	CRI: Costa Rica	-0.0321
15	BGR: Bulgaria	0.7260	0.0515	31	ESP: Spain	0.7012	ESP: Spain	-0.0353
16	CRI: Costa Rica	0.7251	0.0512	32	LVA: Latvia	0.696	BRN: Brunei Darussalam	-0.0359

续表

排名	国家	GVC参与度	国家	GVC地位指数
33	ITA: Italy	0.6938	CAN: Canada	-0.0399
34	SVN: Slovenia	0.691	ISR: Israel	-0.0405
35	TUN: Tunisia	0.6899	GBR: United Kingdom	-0.0469
36	AUS: Australia	0.6892	AUT: Austria	-0.0491
37	SWE: Sweden	0.6881	SWE: Sweden	-0.0514
38	ARG: Argentina	0.6877	POL: Poland	-0.0523
39	KHM: Cambodia	0.6786	GRC: Greece	-0.0601
40	CYP: Cyprus	0.6779	CYP: Cyprus	-0.0688
41	DNK: Denmark	0.674	FIN: Finland	-0.0807
42	GRC: Greece	0.6732	NLD: Netherlands	-0.0927
43	RUS: Russian Federation	0.6728	MLT: Malta	-0.0936
44	CAN: Canada	0.6657	PRT: Portugal	-0.1029
45	AUT: Austria	0.6575	MEX: Mexico	-0.1115
46	HRV: Croatia	0.6524	MAR: Morocco	-0.1123
47	GBR: United Kingdom	0.6523	BEL: Belgium	-0.1321
48	PER: Peru	0.6521	SVN: Slovenia	-0.1339
49	ISR: Israel	0.6483	EST: Estonia	-0.1363
50	CHE: Switzerland	0.6394	VNM: Viet Nam	-0.14
51	MAR: Morocco	0.6387	KOR: Korea	-0.1636
52	BRN: Brunei Darussalam	0.6201	BGR: Bulgaria	-0.1876
53	DEU: Germany	0.6035	THA: Thailand	-0.1877
54	COL: Colombia	0.6007	MYS: Malaysia	-0.1895
55	JPN: Japan	0.5985	SGP: Singapore	-0.1927
56	IRL: Ireland	0.5961	TUN: Tunisia	-0.1948
57	PHL: Philippines	0.5909	CZE: Czech Republic	-0.2122
58	USA: United States	0.5833	TWN: Chinese Taipei	-0.219
59	IDN: Indonesia	0.5822	SVK: Slovak Republic	-0.2406
60	ROU: Romania	0.5481	IRL: Ireland	-0.2685
61	SAU: Saudi Arabia	0.5337	HUN: Hungary	-0.2848
62	MLT: Malta	0.5238	KHM: Cambodia	-0.3479
63	CHL: Chile	0.4682	LUX: Luxembourg	-0.4229

资料来源：根据 TiVA 数据库计算得出。

从表 4 - 4 中可以看出：

第一，GVC 参与度排名前二十位的国家和地区有中国香港、马来西亚、越南、中国、匈牙利、斯洛伐克、捷克、比利时、印度、土耳其、南非、荷兰、法国、冰岛、保加利亚、哥斯达黎加、波兰、芬兰、挪威和葡萄牙。可以看出，排名靠前的国家和地区除了中国外全是小型经济开放体，但其参与度远高于美国等大国，说明 GVC 参与度与国家规模并无直接关系。在这些国家和地区中，既有中国香港、法国、芬兰、挪威等这样的世界经济发达体，又有印度、南非等金砖四国部分国家。这 20 国 GVC 参与度平均值为 0.72。2014 年中国 GVC 参与度为 0.737，在 63 个国家中排名第四，表明随着全球价值链的发展，中国已经深度融入全球生产体系当中。

第二，从 GVC 地位指数排名来看，地位指数排名前几位的国家包括巴西、阿根廷、沙特、俄罗斯等国家具有丰富的自然资源，其出口的石油、天然气、大豆等初级产品和自然资源可作为中间品供第三国出口所用，因此位于 GVC 高端。这也说明，自然资源是影响一国 GVC 地位的重要因素。日本、美国、法国、意大利等工业强国凭借其全球领先的科技实力和研发设计能力，处于全球价值链的高端位置。中国 2014 年的 GVC 地位指数为 0.001，在 63 个国家和地区中排名第 25 位，与排名靠前的发达国家有较大的差距，再综合 2011 年中国全球价值链参与度排名第四的情况来看，说明中国制造业参与国际分工的程度很高，但国际分工地位却很低。

第三节　中国制造业各部门全球价值链分工地位

通过表 4 - 4 发现几个问题：一是德国作为世界公认的制造业强国，其 GVC 制造业地位指数排名居然跟中国不相上下；二是亚洲的印度尼西亚 GVC 地位指数全球排名第九位，远高于中国；三是根据 2014 年的出口数据，中国作为总出口第一大国，GVC 地位指数却排在印度、南非等新兴经济体之后；这些现象与常理不相吻合。进一步分析其原因，可能是各国的产业结构和产业增加值率差异所致。如果一国出口结构中资源型产业所占比重高，则出口增加值中间接增加值出口就会大于国外增加值出口，结果自然造成较高的 GVC 地位指数；另外，资源匮乏的国家，如德国、英国、意大利等，出口的多为增加值率较低的精加工工业产品，就会造成 GVC 地位指数较低的现象。因此，仅凭一国制造业总体的 GVC 地位指数判断一个国家制造业在国际分工中的地位是片面的，需要结合其他指标来综合分析。制造业内部各个部门的技术含量不同，存在着较大的技术差距和发展的不均衡。为了更为客观及全面地反映中国制造业整体及分部门的发展情况和国际分工地位，应对制造业内部各部门进行分析和归类比较。图 4-2、图 4-3 分别列明了中国制造业分部门 GVC 地位指数和 GVC 参与指数。

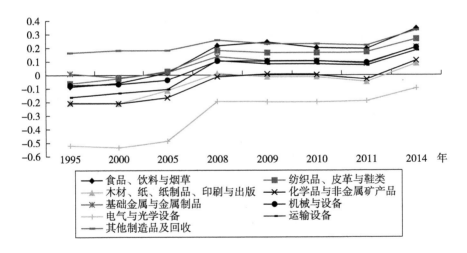

图 4-2　1995—2014 年中国制造业分部门 GVC 地位指数

从 GVC 地位指数来看：九个制造业细分行业除了其他制造品及回收业和食品、饮料和烟草业外，基本上都呈现出同制造业总体 GVC 地位指数一样的"勺子"形状：1995 年较高，1995—2000 年出现小幅下滑，2000 年之后大幅回升，2009—2011 年下滑，2011 年至 2014 年大幅上升，这说明中国制造业分部门的国际分工地位与制造业整体基本保持一致。另外，食品、饮料与烟草行业和纺织品、皮革与鞋类行业，这两个典型的劳动密集型行业在全球价值链中的地位指数明显高于制造业的其他细分行业。而化学品与非金属矿产品和电子、电器与光学设备这两个技术密集型行业的 GVC 地位指数却位于九个细分行业的最低端，且长期为负。说明这两个行业的出口增加值中的国外增加值部分大于国内间接增加值出口部分，表明这两个行业主要是从国外进口高附加值的零部件和设备，从事加工组装等低附加值环节的生产。

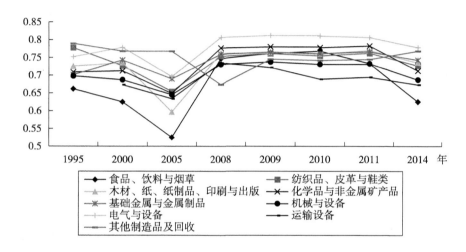

图 4 - 3　1995—2014 年中国制造业分部门 GVC 参与指数

从 GVC 参与度来看：九个制造业细分行业基本呈现 20 世纪 90 年代下滑，进入 21 世纪后大幅回升，2009 年后小幅震动的特点。另外，尽管电子、电器与光学设备制造业和化学品与非金属矿产品行业的 GVC 地位指数位于九个细分行业的末位，但这两个行业的 GVC 参与度却基本上位于历年九大细分行业的最前面，尤其是 2008—2011 年，其参与度呈现不断稳步提升趋势。

从以上分析可以得知，中国制造业内部不同行业在国际分工中的地位存在着很大的差异，所以有必要对 9 大制造业分部门进行进一步归类分析，更为系统和全面地考察中国制造业在全球价值链体系中的地位。本章参照张平提出的分类办法，按照制造业各部门技术水平从低到高的次序，依次分为：低技术制造业、中低技术制造业、中高技术制造业和高技术制造业四个部分，如表 4 - 5 所示。

表 4 - 5　　　　　　　　　　制造业分部门归类及行业代码

归类	分部门	部门代码
低技术制造业	食品、饮料与烟草	C15、C16
	纺织品、皮革与鞋类	C17、C18、C19
	木材、纸、纸制品、印刷与出版	C20、C21、C22
	其他制造品及回收	C36、C37
中低技术制造业	化学品与非金属矿产品	C23、C24、C25、C26
	基础金属与金属制品	C27、C28
中高技术制造业	机械与设备	C29
	运输设备	C34、C35
高技术制造业	电气与光学设备	C30、C31、C32、C33

资料来源：张平，《全球价值链分工与中国制造业成长》。

按照制造业部门归类后进一步分析中国制造业各细分行业的国际分工地位，从图 4 - 4 和图 4 - 5 可以发现更多变化。电气和光学设备行业作为中国高科技制造业的代表在制造业分类中的地位指数最低，GVC 地位指数长期为负。说明该部门的国外增值出口值大于国内增加值的间接出口额。该部门的生产主要通过进口国外零件在中国加工和组装，利润空间狭小。然而就时间而言，该部门的状况指数自 2008 年以来已显著改善，从 1995 年的 - 0.520 增加到 2008 年的 - 0.20。并从 2008 年开始至 2014 年始终维持在 - 0.2 以上。从参与度来看，高技术制造业的参与指数一直位于制造业各部门之首，尽管 2000 年出现了明显下滑，但从 2005 年开始反弹，一直呈现上升态势，且 2008—2011 年始终维持在 0.8 以上。通过以上两个指标可以看出，中国高技术制造业参与国际分工的程度很高，但国际分工地位较低。以机械设备和运输设备为代表的中高技术制造业 GVC 地位指数远远高于高技术制造业，并且从 2005 年之后数值由负数转为正数，且始终维持在 0~0.1，在四类制造业归类中排名第三。中低技术制造业的 GVC 地位指数略高于中高技术，在四类制造业归类中排名第二，自 2005 年以来，参与度大幅提高，然后稳步增长，呈现出相对稳定的发展态势。以食品、饮料与烟草和纺织品、皮革与鞋类为代表的低技术制造业 GVC 地位指数长期排名第一，位居四类制造业归类首位。这说明中国一直以来凭借传统优势要素劳动力参与国际分工，在低技术产业领域有较高的国际分工地位，但在高科技领域缺乏竞争力，国际分工地位较低。

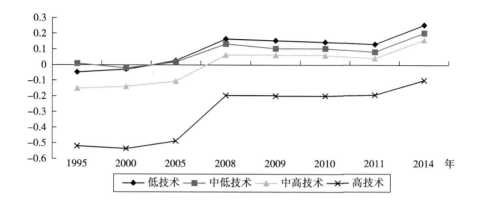

图 4-4　1995—2014 年中国制造业分技术 GVC 地位指数

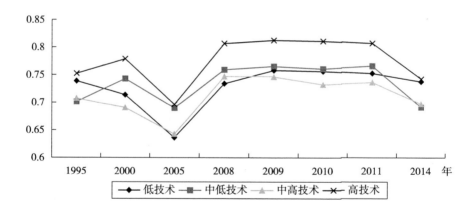

图 4-5　1995—2014 年中国制造业分技术 GVC 参与指数

借助 GVC 地位指数和 GVC 参与度两个指标，对中国制造业分技术类别进行比较分析后发现：除了制造业的最后一个部门其他制造业及回收业外，无论是 GVC 地位指数最低的 1995 年，还是 GVC 参与度最低的 2014 年，制造业的九大细分部门均表现出同步变化的趋势。进而可以得到一个结论：中国制造业各部门的技术水平与其全球价值链分工地位呈"负相关"关系，出现了"错配"现象，即高技术制造业部门全球价值链参与度最高，但在国际分工中地位最低；而低技术制造业部门全球价值链参与度最低，但国际分工地位却最高。

通过上文对中国制造业整体及分部门的发展情况国际分工地位的比较与分析，我们可以发现近年来我国制造业融入全球价值链的程度越来越深，中国制造业一直在积极的参与国际分工，并且参与程度也是越来越高，但我国制造业所占的国际分工地位并不高，中国制造业主要负责加工组装等附加值较低的生产环节，尤其是高技术密集度产业，在价值链中更是处于组装环节，出口的规模在世界所占份额很大，实际获得的贸易利润很少。在全球价值链中处于低端环节。

第四节　中国全球价值链分工地位低的原因分析

随着经济全球化的发展和我国对外贸易的迅猛发展，中国日益融入世界分工体系当中，逐渐成为各个行业全球价值链生产环节不可缺少的部分。但不能否认的一个事实是我国是以劳动力成本优势参与国际分工，在全球价值链中主要从事加工组装环节部分生产，缺乏关键技术和核心零部件的生产能力，大部分企业位于价值链的中低端和低附加值环节，即微笑曲线的底部，对于产品高附加值环节，如研发和品牌环节，多由发达国家的跨国公司所主导和控制，中国企业的国际竞争力与国际大型跨国公司相比还存在很大的差距。造成这一现象的原因是多方面的，从外部因素看，发达国家跨国公司是全球价值链的主导者和治理者，它们利用全球价值链和全球生产网络控制高端市场并制定全球规则和标准，左右全球治理，掌握全球话语权，控制和决定着全球资源和市场。而以中国为代表的发展中国家仅凭低劳动力成本的比较优势融入全球价值链，面临着来自发达国家高端要素和更低劳动力成本国家的低端要素的双重挤压；从内部因素来看，随着中国经济的高速增长，人工成本、土地等生产要素的价格日益上涨，造成中国制造的低成本优势逐渐丧失。综合内外两个因素分析，目前制约中国企业全球价值链升级的因素主要有以下四个。

一、来自发达国家的低端锁定压力

在全球价值链的整个环节中，引领者和支配者主要是经济发达国家的跨国公司，这些跨国公司直接决定着产品整个生产和流通过程中的利益分配，掌握着全球价值链的高端环节，包括产品设计，技术规格，行业标准，营销和品牌运营等高附加值环节。发展中国家只是全球价值链的执行者，从事非核心业务的生产。克鲁格曼曾经指出，随着国际分工合作的深入和扩大，落后国家"低端锁定"的可能性也在增加。虽然这些国家通过国际贸易的"干中学"效应，实现了知识和经验的积累，进一步增强和发挥了其比较优势。但是，由于要素禀赋的差异，特别是技术，知识和资本水平的差异，发展中国家发现从价值链低端向高端攀升困难重重，只能从事低技术环节部分的生产，长此以往，势必会导致大型跨国公司对其"低端锁定"。

从全球价值链的角度来看，由于中国企业缺乏核心技术，无自主品牌和营销渠道等，只能从事低附加值，低技术，劳动密集型和资源密集型活动，以代工方式从事价值链中的生产和组装环节。在全球价值链中很少涉及高附加值环节如创意、设计、品牌、营销和服务等。表4-6显示了中国部分产品和行业在全球价值链中所占据的环节。

表4-6 中国部分行业在全球价值链中的地位

全球价值链产品或产业	战略环节	主导企业	主导企业所在国家或地区	中国企业占据的环节
计算机	研发、CPU制造、软件设计、核心原件	Intel、惠普、微软、戴尔等	美国、日本、中国台湾等	一般原件制造、成品组装、低档产品
汽车	研发、模具、成套装备制造	通用、大众、本田、丰田等	美国、日本、德国等	通用零配件、整车组装

续表

全球价值链产品或产业	战略环节	主导企业	主导企业所在国家或地区	中国企业占据的环节
飞机	研发、总装	波音、空客等	美国、欧盟等	少量零配件
纺织服装	面料和时装研发、设计，品牌创造、营销	皮尔卡丹、阿迪达斯等	法国、意大利、中国香港、美国等	低档商品、来料加工、贴牌等
集成电气	IC 设计、IP 供应、前沿技术研发和生产	Intel、三星等	美国、韩国等	低端制造、封装测试
家电	研发、核心原件	西门子、东芝、海尔、	日本、德国、韩国、中国等	一般元件、成品组装

资料来源：根据各大公司网站数据整理而得。

二、国内企业自主创新能力薄弱和研发资金投入不足

伴随着中国改革开放的步伐，中国制造业迅猛发展，截至 2019 年末，世界 500 多个主要工业产品中，中国已有 220 种产品产量位居世界第一。世界 70% 的玩具、50% 的鞋、34% 的箱包、30% 的空调、24% 的洗衣机、16% 的冰箱等都是在中国制造完成。然而，与发达国家已经发展了数百年的制造业相比，中国制造业在品牌，质量和核心技术方面仍然缺乏历史积累，制造业规模大但不强，关键技术和核心零配件不能自给，传统产业产能严重过剩，战略性新兴产业发展后劲缺乏，这说明虽然中国是一个工业大国，但不是一个工业强国。

中国制造业缺乏自主创新能力，很大一部分原因是由于资金缺乏。尤其是研发资金的短缺造成的。据统计，2017 年中国研发投入占 GDP 的比重即研发投入强度为 2.13%，而创新型国家的该指标一般都在 2.5% 以上，我国与之相比，还存在一定的差距。从基础研究经费占研发比重来看，2018 年尽管已经达到 5.5%，是 2005 年以来的最高水平，但与发达国家 15% ~20% 的占比水平仍有较大差距。由于研发资金投入不足，造成中国

企业自主创新能力缺乏，很难在全球价值链体系中占据主导地位。

三、国内制造业发展整体水平低且结构不合理

中国制造业的结构随着新常态的经济运行，虽然正在逐步优化，但与发达国家依然存在着很大的差距。主要表现在：一是制造业整体发展水平低。制造业整体发展水平还处于机械化或半自动化生产为主的阶段，主要基础零配件的性能指标大体只相当于国外 20 世纪 70—80 年代水平。制造业尤其是高新技术产业的产品技术含量低，国际竞争力弱。发达国家的制造业早已进入以数字化、智能化为特征的新的发展阶段，正在实现信息技术与制造业的深度融合。而中国制造业仍处在"工业 2.0"补课"工业 3.0"普及和"工业 4.0"示范的"并联式"发展道路上，与发达国家存在着相当大的差距。二是制造业产业结构不合理。一方面，中国的原材料基础薄弱，缺乏重大装备设备制造能力，整个制造业的技术水平与世界先进水平差距较大，相当一部分产业的技术高度依赖国外，95% 的高档数控系统、80% 的芯片，以及几乎全部高档液压件、密封件和发动机都依靠进口，自主开发创新能力差，关键核心技术受制于人；另一方面，传统产业存在严重产能过剩，特别是钢铁、电解铝、平板玻璃、水泥等产品的供应能力远远大于市场需求，导致大量库存和滞销产品。

四、国内制造业生产要素的低成本优势逐步丧失

伴随着中国改革开放的深入，越来越多的农村富余劳动力向城市转移，这种劳动力的流动为中国制造业的发展提供了丰富而廉价的低成本生产要素，再加上地方政府在土地、财政、税收等方面给予的优惠政策，带动了中国制造业规模的快速扩大，一举发展成为"世界工厂"。凭借廉价的劳动力、土地使用成本及优惠政策等一系列措施，中国制造业得以融入全球价值链环节，进入价值链环节中的劳动密集型部分的生产。但是经济的快速发展也带来了一系列的问题，对土地、矿产资源等无节制的开发、使用，导致资源的日益枯竭和环境的不断恶化，经济增长的同时也带动了

工资水平的上涨和劳动力成本的提高。就劳动力成本而言，国际劳工组织的数据显示，自 2006 年以来，中国的平均工资增长了 1 倍以上。该机构在 2016 年的一份报告中表示，2014 年中国的名义月薪平均为 685 美元，而越南、菲律宾和泰国分别为 212 美元、216 美元和 408 美元，中国劳动力的比较优势正被经济发展水平更低的国家逐渐代替。不光是劳动力成本迅速上升，在中国，其他的生产要素，包括工业用地成本、资金使用成本和运输物流成本在经济发达地区都出现了普遍上涨的情况。同时，伴随经济快速增长所带来的环境污染问题，也日益严峻。统计指标显示，中国单位产品能耗远远高于国际先进水平，单位产值污染物排放量远高于发达经济体。劳动力、土地、资金、环境等这些因素叠加在一起，中国制造业所依赖的生产要素低成本优势逐步丧失，产品附加值越发减少，在全球价值链中越发处于不利地位。

第五节　小结

本章利用 OECD 和 WTO 发布的 TiVA 数据库，测算并比较中国制造业 GVC 地位指数和 GVC 参与指数，探讨国际分工深化背景下，中国制造业在国际分工中的参与程度和分工地位。结果表明，随着国际分工的演变，从产业间分工到产业内分工，再到产品内分工的逐步演化，中国凭借自身劳动力优势积极融入全球生产网络和全球价值链的生产环节，近年来中国制造业的参与度和国际分工地位都有显著提高，表现出很高的参与度，但在国际分工地位中仍处于低端位置。就制造业内部分工而言，高技术行业全球价值链分工地位最低，低技术行业的分工地位最高，形成了中国制造业各部门的技术水平与其全球价值链分工地位的"错配"现象。整体而言，中国制造业在国际分工中被"低端锁定"。造成"低端锁定"原因主要有四个：来自发达国家的低端锁定压力、国内企业自主创新能力薄弱和研发资金投入不足、国内制造业发展整体水平低且结构不合理、国内制造业生产要素的低成本优势逐步丧失。

　　总体来看，近年来中国制造业一直在积极的参与国际分工，并且参与程度也是越来越高，但我国制造业所占的国际分工地位并不高，中国制造业主要负责加工组装等附加值较低的生产环节，尤其是高技术密集度产业，在价值链中更是处于组装环节，出口的规模在世界所占份额很大，但实际获得的贸易利润却很少。在全球价值链中处于低端环节。

第五章　中国对外直接投资
促进全球价值链升级的实证检验

　　GVC 分工是以跨国企业为主导，产品内分工为特点的国际分工，发达国家的跨国公司通过对全球资源和要素的统一整合，对其产品生产进行全球化分工和布局。GVC 为发展中国家融入世界经济提供了可能，提高了其在全球贸易中的参与程度。如果没有全球价值链，任何一个发展中国家只有具备了完整的产品生产能力，才能从事国际贸易交换活动。历史上，发展中国家往往以未经加工的原材料作为其主要的出口产品，因为对任何一个经济落后体来说，在较短时间内具备完整的产品生产能力几乎是不可能的。如今，由于全球价值链的存在，发展中国家可以通过嵌入产品生产过程中的某一个环节，成为工业制成品的出口国。毫无疑问，全球价值链的出现和发展为发展中国家提供了机会，各个发展中国家不失时机地抓住机会，纷纷融入 GVC 中，从事其中部分环节的生产，中国也同样如此。

　　改革开放至今的 40 多年间，中国的 OFDI 先后经历探索、起步、调整完善、稳步推进、创新发展时期，并且取得了骄人业绩。无论是投资规模、投资区域还是投资领域与主体，都发生了巨大变化。2015—2017 年，我国 OFDI 流量金额连续三年高于吸引外资金额，实现了资本净输出。40年我国的 OFDI 走出了一条极具本国特色的道路，形成了自己独特的模式。本章在对我国 OFDI 的发展历程回顾及发展特点总结分析的基础上，利用 TiVA 数据库中包含的中国及其他 21 个发展中国家作为样本，实证检验对外直接投资究竟能否促进全球价值链升级。

第一节 中国对外直接投资现状

一、中国对外直接投资的发展阶段

党的十一届三中全会提出了"对内改革、对外开放"总方针，经济制度变革打破了旧生产力以及生产关系的限制，继在农村实行"家庭联产承包责任制"取得巨大成功后，改革陆续向城市各个经济领域推进，一系列配套措施及政策的出台，带动了各个经济领域的发展，以1979年"京和股份"为开端，中国对外直接投资历经多个发展阶段，获得了举世瞩目的成绩。

（一）探索经验阶段（1978—1984年）

在改革开放初期，中国设立4个经济特区，在特区内实行特殊政策，通过特区的"窗口效应"达到吸引外资，拉动整个地区经济发展的目的。这一时期，国家重视利用外商直接投资，基本没有OFDI方面的鼓励政策。加之刚刚改革开放，国内企业生产经济规模小、观念落后、缺乏资金及管理经营方式落后等原因，参与OFDI的公司个数较少，主要是个别具备专业的经贸知识，实力较强的公司从事对外直接投资活动。投资区域主要集中在中国港澳台地区及周边发展中国家和地区，投资领域以工业生产、餐饮旅游为主，较少投资于制造业和金融业。1984年，我国对外直接投资流量仅14.19亿美元。这一时期，中国企业和政府对跨国投资规则不甚了解，处于经验探索阶段。

表5-1 　　1982—1984年我国对外直接投资的流量以及存量

单位：亿美元，%

年份	投资流量	流量增长率	存量	存量增长率
1982	4.3	—	17.69	—
1983	9.16	113.02	26.85	51.78
1984	14.19	54.91	41.04	52.85

资料来源：《中国对外经济贸易年鉴》。

（二）起步发展阶段（1985—1991 年）

1985 年以后，我国逐步意识到到 OFDI 的重要性。1987 年，国务院正式出台了企业国际化经营策略，规范和完善了对外直接投资政策和制度，同时以中国化工进出口总公司进行国际化经营试点。自此，有相当数量的大型国企开始了跨国经营，对外直接投资规模大幅增长。到 1991 年，我国 OFDI 流量 43.66 亿美元，是 1984 年的近 7 倍，OFDI 存量 25.57 亿美元，是 1984 年的近 20 倍。一些综合实力强的工业企业和金融企业均加入对外直接投资的大军，如中国国际信托投资公司 1986 年收购澳大利亚波特兰铝厂 10% 的股权，上海自行车厂于 1991 年在加纳设立分公司，在巴西设立合资公司，出口创汇的同时开拓了国际市场。

表 5-2 　　1985—1991 年我国 OFDI 的流量以及存量　　　单位：亿美元，%

年份	投资流量	流量增长率	存量	存量增长率
1985	19.56	37.84	60.6	47.66
1986	22.44	14.71	83.04	37.03
1987	23.14	3.11	106.17	27.86
1988	31.94	38.04	138.11	30.08
1989	33.93	6.23	172.04	24.56
1990	34.87	2.79	206.91	20.27
1991	43.66	25.21	250.57	21.1

资料来源：《中国对外经济贸易年鉴》。

（三）调整完善阶段（1992—2000 年）

1992 年邓小平南方谈话，明确了以经济发展为中心的基本路线，统一了走社会主义市场经济的共识。党的十四大报告里提出要"积极发展中国公司的对外投资以及跨国经营"的战略。1997 年，党的十五大提出"充分运用国内与国外市场及资源，主动参加地区经济合作以及全球多边贸易体系，鼓励支持可以发挥中国比较优势的对外投资"。2000 年，九届全国人大三次会议上提出了"走出去"这一战略，并把该政策提到国家高度。

1999 年，国家又颁布《关于鼓励企业开展境外带料加工装配业务的意见》，为我国"走出去"的实施奠定了基础。

1992 年中国经济出现了过热现象，为了缓解这一局面，国家从 1993 年实行经济结构调整，对各项海外业务进行清理整治，对新增投资采取审批制，之后快速、不合理的 OFDI 得到有效遏制，投资实现由量到向质的转变。整体来看，该时期我国 OFDI 规模尽管变化较大，但整体处于增长。1992 年 OFDI 流量为 110.08 亿美元，2000 年上升至 407.15 亿美元。1992 年 OFDI 存量为 360.64 亿美元，2000 年上升至 1933.98 亿美元。投资地域也从 1992 年的 120 多个国家增至 2000 年的近 160 多个国家。投资行业由贸易逐步向资源开发、生产等领域扩大，大大改善了以贸易型投资为主的结构。同时一些民营企业万向集团、好孩子等也逐步开始尝试跨国经营。这一时期总体来看，是中国 OFDI 的调整时期。

表 5 - 3　　1992—2000 年我国 OFDI 的流量以及存量　　单位：亿美元，%

年份	投资流量	流量增长率	存量	存量增长率
1992	110.08	152.1	360.64	43.93
1993	275.15	149.97	635.79	76.29
1994	337.67	22.72	741.51	16.63
1995	375.21	11.12	1010.98	36.34
1996	417.26	11.21	1280.69	26.68
1997	452.57	8.46	1539.95	20.24
1998	454.63	0.45	1751.56	13.74
1999	403.19	-11.31	1861.89	6.3
2000	407.15	0.98	1933.48	3.85

资料来源：《中国对外经济贸易年鉴》。

（四）稳步推进阶段（2001—2007 年）

2001 年，我国正式加入世贸组织，"入世"说明我国能有更多机会参与国际经济事务，这为我国实施 OFDI 提供了更好的条件。伴随着改革开放的进一步深入，"走出去"也进入了稳步推行阶段。

2001 年我国将"走出去"写进《国民经济和社会发展第十个五年计划纲要》（以下简称《纲要》）。《纲要》中明确鼓励我国公司开展 OFDI，加强国际合作，发展工程承包以及劳务合作，鼓励公司积极发展境外加工贸易，推动产品出口。鼓励各个公司在海外设立研发机构，支持企业跨国经营，并在服务体系方面创造有利条件。2003 年，党的十六届三中全会再一次提到实行"走出去"战略，并对该战略的性质和意义作了进一步的强调。

同时，为了配合文件精神，国家陆续出台了相应的政策和文件，下放对外直接投资核准权限，简化投资手续。2004 年，商务部颁布《对外投资国别产业导向目录》等文件。随后，国务院提出变革投资制度。2006 年，七部委共同颁布《境外投资产业指导政策》。政府部门还通过资金补贴、政策性长期低息贷款等方式支持企业在海外建立工业园区。

在一系列扶持政策的带动下，一些具有前瞻眼光的企业纷纷踏出国门，走向世界。其中最有代表的是 2005 年中国联想公司收购美国 IBM 公司的个人电脑全球业务，通过这一并购事件，极大地提升了中国企业的国际影响力。在该时期，我国 OFDI 取得了较快发展，截至 2007 年，OFDI 的流量为 835.21 亿美元，存量为 3270.87 亿美元，我国在境外投资公司超过 1 万家，遍布 173 个国家，投资领域从服务贸易向生产制造扩展，投资主体也呈现多元化。

表 5 - 4　　　2001—2007 年我国 OFDI 的流量以及存量　　　单位：亿美元，%

年份	投资流量	流量增长率	存量	存量增长率
2001	468.78	15.14	2031.42	5.07
2002	527.43	12.51	2165.03	6.58
2003	535.05	1.44	2283.71	5.48
2004	606.30	13.32	2454.67	7.49
2005	724.06	19.42	2720.94	10.85
2006	727.15	0.43	2925.59	7.52
2007	835.21	14.86	3270.87	11.80

资料来源：历年《中国对外直接投资统计公报》。

（五）创新发展阶段（2008年至今）

2008年爆发了波及全球的金融危机。在这场危机中，中国企业也深受其害。受危机影响，2009年增长率不升反而下降12.29%。2011年受发达国家主权债务危机影响，整个世界经济发展步伐放慢，我国公司的OFDI活动也逐渐放缓。但由于2013年中国"一带一路"倡议的提出，沿线各国广阔的市场为中国企业走出国门，提供了重要的机会。在该政策的带动下，我国逐渐加深了同周边各国的经贸合作和相互投资，投资额逆势上涨。2015年我国OFDI总额为1456.70亿美元，首次超过利用外资总额，实现了资本的净流出。2016年OFDI达到1961.5亿美元，全球排名第二，尽管2017年由于我国政府开始重视对公司对外投资真实性、规范性的审核，出现了19.3%的降幅，降至1582.9亿美元，但流量规模仅次于美国和日本，位居世界第三位。截至2017年底，中国总计25500个境内投资者在境外开设公司39200家，遍布全世界189个国家和地区，投资领域涉及国民经济的18个行业大类。

表5-5　　2008—2017年我国OFDI的流量以及存量　　单位：亿美元，%

年份	投资流量	流量增长率	存量	存量增长率
2008	1083.12	29.68	3780.83	15.59
2009	950.00	-12.29	4730.83	25.13
2010	1147.34	20.77	5878.17	24.25
2011	1239.85	8.06	7118.02	21.09
2012	1210.80	-2.34	8328.82	17.01
2013	1239.11	2.34	9567.93	14.88
2014	1285.00	3.70	10852.93	13.43
2015	1456.70	5.53	12209.03	12.50
2016	1961.5	34.7	13573.9	11.10
2017	1582.9	-19.3	18090.4	33.2

资料来源：历年《中国对外直接投资统计公报》。

二、中国对外直接投资特征

新常态下我国 OFDI 继续保持稳定增长，全球布局日趋合理，对欧美等发达国家的投资逐渐增加，投资结构不断优化，投资主体结构逐渐合理。

（一）对外直接投资规模快速增长

近年来我国 OFDI 快速增长，从政府开始发布相关数据起，我国 OFDI 流量已连续 13 年持续增长，2002—2017 年我国 OFDI 年平均增长 31.2%。2017 年投资额为 1582.9 亿美元（见图 5 - 1），流量规模仅次于美国和日本（见图 5 - 2）。尽管由于当年中国政府重视对外直接投资的真实性、规范性审核原因，出现了 14 年以来首次负增长，然而 1582.9 亿美元依然是史上第 2 高位，是 2002 年的 58.6 倍，占全球比重连续两年超过一成。2017 年中国 25500 家投资者在国外开设投资公司 39200 家，遍布于 189 个国家和地区。我国 OFDI 流量已经持续 3 年大于利用外商直接投资，实现了投资净流出。新常态下，在加快构建开放型经济、"一带一路"倡议实施的大环境下，随着政府各项政策的出台，中国 OFDI 将继续快速提升。

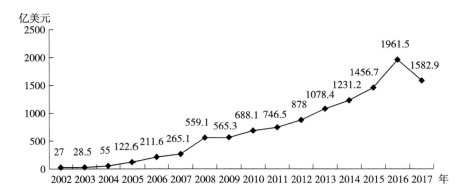

图 5 - 1　2002—2017 年我国 OFDI 流量

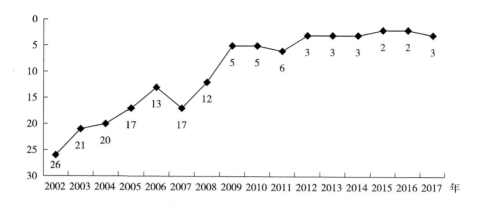

图 5 - 2　2002—2017 年我国 OFDI 流量全球位次排名

（二）对外直接投资行业结构不断完善

2017 年底，中国 OFDI 已经进入国民经济全部行业，分类见图 5 - 3。按照其存量来看，2017 年对外直接投资行业规模过千亿美元的共 6 个：租赁和商务服务业为 6157.7 亿美元、批发和零售业为 2264.3 亿美元、信息传输/软件和信息技术服务业为 2189 亿美元、金融业 2027.9 亿美元、采矿业 1576.7 亿美元、制造业 1403 亿美元，占比分别为 31.4%、12.5%、12.1%、11.2%、8.7%、7.8%。以上六个行业存量加起来占我国总存量的 83.7%。我国对外直接投资逐渐进入租赁和商务服务业、软件和信息业、金融行业等

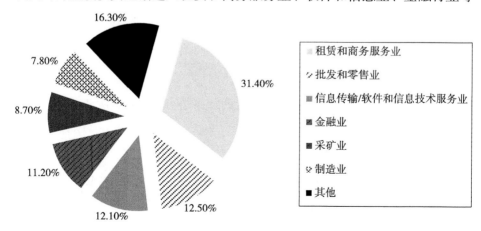

图 5 - 3　2017 年底我国对外直接投资的存量行业占比

高端行业，说明投资的行业结构正在不断优化。

（三）投资区域集中于周围国家，发达国家较少

伴随"走出去"进程的逐渐加快，中国 OFDI 在全球分布日益广泛。截至 2017 年底，我国海外投资遍及除南极洲外的六大洲的 189 个国家和地区，遍布全球超过 80.8% 的国家和地区。图 5 - 4 反映了 2017 年中国对外直接投资的全球分布状况。我国 OFDI 大部分分布于亚洲，占总投资分布的 63%，中国香港占整个亚洲存量的 86.1%。其后依次为拉丁美洲、欧洲、北美洲、非洲以及大洋洲，占比分别为 21.4%、6.1%、4.8%、2.4%、2.3%。

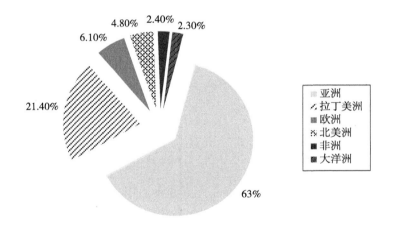

图 5 - 4　2017 年我国对外直接投资存量区域分布

我国 OFDI 的 80% 都集中于发展中经济体。2017 年底，我国在发展中国家中的投资存量是 155241.8 亿美元，在总投资额中所占百分比是 85.8%。其中中国香港 9812.66 亿美元、东盟 890.14 亿美元，仅香港和东盟就占到发展中经济体投资存量的 68.9%。另外，中国在发达国家的投资存量是 2291 万亿美元，占总份额的 12.7%，其中对欧盟投资总额为 860.1 亿美元，占据对发达国家投资存量的 37.5% 份额，对美国投资为 673.81 万亿美元，占据对发达国家存量的 29.4% 份额。从以上数据可以看出，我

国 OFDI 大部分针对周边发展中国家和地区，对经济发达国家的投资相对较少。

（四）投资主体日益多元化

随着中国对外直接投资的快速发展以及政策环境的逐渐宽松，投资主体也由国企主导逐渐转向多种所有制公司共同发展。越来越多的有限责任公司和私营企业加入对外投资大军，国有企业过去一枝独秀的情况已发生变化。截至 2017 年底，我国 OFDI 公司共计 25500 家（见图 5 - 5），有限责任公司占比为 41.1%，是其中所占比例最大并且最活跃的部分；私营企业占比 25.7%，位列第二，国企占 5.6%，股份有限公司占 10.9%，国有企业所具有的绝对优势完全丧失。

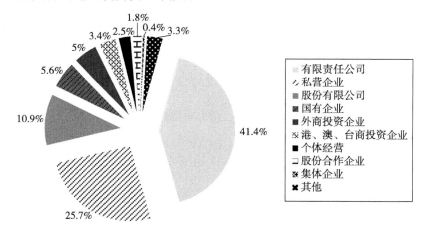

图 5 - 5　2017 年底境内投资者依照登记注册分类

实际上，由于我国民营经济逐渐发展壮大，其参与境外投资的积极性逐渐提高。据统计，我国对美国 OFDI 中，私营企业占到对美投资额的近80%，投资项目占总项目个数的90%。与国有企业相比，私营企业开展跨国投资面临东道国政府审查风险更小，投资灵活性更高。私营企业的加入使得 OFDI 的主体构成日趋合理。

第二节　对外直接投资促进全球价值链升级的实证检验

在前一章，本书阐明了我国通过 OFDI 实现 GVC 升级的微观机理。因此，从理论上来讲，中国企业可以通过对外直接投资方式，采取全球价值链低端升级、全球价值链两端升级和全球价值链链条间升级三种升级模式实现全球价值链升级。但是上述有关 OFDI 促进 GVC 升级微观机理的探究，主要还是来自逻辑推演，缺少实证验证，特别是缺乏来自我国及其发展中国家的现实检验。本节以下部分内容旨在进行经验分析，试图运用宏观层面的面板数据，检验我国对外直接投资活动能否促进全球价值链升级。

一、变量选取与模型设计

（一）被解释变量的设定及其测度方法

本章重点关注对外直接投资对全球价值链正向促进作用，全球价值链地位指数即为被解释变量。本章采用 GVC - Position 指标来代表一国的国际分工地位。其计算公式如下：

$$GVC - Position = \text{Ln}(1 + IVir/Eir) - \text{Ln}(1 + FVir/Eir)$$

本章选择使用 2016 年修订的 TiVA 数据库，结合公式计算中国和其中 21 个发展中国家十年的 GVC 地位指数作为被解释变量。

（二）解释变量的选取及其测度方法

本章选取 TiVA 数据库中的包括我国在内的 22 个发展中国家的 OFDI 作为被解释变量。这些国家都为发展中国家，经济水平都相对较低，对外直接投资的目的主要是为了获得更为先进的技术，或者向更低经济水平的国家转移边际产业，实现 GVC 升级。

（三）其他控制变量

按照经典的贸易理论，全球价值链中各参与国应根据自身优势参与产品某一环节的生产，因此，一国的要素禀赋情况决定着其国际分工地位，即资本、土地、劳动力等自然资源的多寡是决定一国 GVC 分工地位的因素。同时，内生经济增长理论提出技术发展是经济增长的引擎机，一个国家的技术发展和创新能力是经济增长的直接推动力。Humphrey（2004）强调 GVC 的不同环节技术含量不同，发达国家往往由于其掌握先进技术而处在高附加值环节。GVC 分工地位提高的重点在于技术水平的提高，已有研究一致认同研发、技术外溢等是发展中国家提升技术水平的渠道。按照以上思路，并参考前人文献，本章选取要素禀赋、研发投入、外商直接投资、规模经济、制度指标作为控制变量。

1. 要素禀赋

要素禀赋是指一个国家所拥有的自然资源、人力资本、土地资本等生产要素。要素禀赋理论认为生产要素禀赋差异是国际贸易产生的原因，各个国家由于生产要素丰裕度不同以及产品中包含的要素比例不同，使得各国产品存在差异化的比较优势。一般而言，劳动力资源比较丰富的国家，生产劳动密集型产品存在相对比较优势。资本要素丰裕的国家，生产资本密集型产品具有相对比较优势。在前文分析 GVC 地位指数时也发现诸如巴西、俄罗斯这种自然资源丰富的国家国际分工地位普遍偏高。因此，生产要素的多寡及要素禀赋结构是影响 GVC 分工地位的重要原因。

2. 研发投入

研发投入是公司进行技术创新、提升公司生产率的重要途径与有效手段。从行业角度来看，一个行业研究和开发费用的增加，会对整个行业的技术进步和效率提升起到明显的促进作用，从而促进整个行业的出口竞争力。从公司角度来看，高强度的研发投入能够帮助其增加资金实力，提升技术水平以及创新力，从国家角度来看，通过研发费用的增加能促进技术创新，带动经济增长，提高竞争力。因此，研发投入作为 GVC 升级的可能影响因素，作为控制变量纳入计量方程之中。

3. 外商直接投资

全球价值链升级需要技术进步的支持，吸引外商投资的一个关键目标就是引进技术。一方面，高质量的外资企业进入中国带来了直接的技术进步效应，从而使得中国各个产业在全球价值链的地位得以提高。此外，具有高技术水平的外资企业还会通过技术转让和技术外溢效应，促进中国企业实现技术进步和生产率的不断提高。除了技术示范效应之外，还可以通过人力资本流动、资源优化重组效应等，促进中国企业技术水平的不断提高，从而进一步从整体上提升我国各个产业的技术水平，实现 GVC 升级。另一方面，外资的进入也会带来一些负面作用，比如外资企业的进入会挤占内资企业原有的市场，导致部分竞争力不强的内资企业退出市场，甚至破产倒闭，另外，内资企业由于技术方面的劣势可能长期被"低端锁定"。所以，外商直接投资和 GVC 升级之间的关系有待后续的实证验证。

4. 规模经济

根据规模经济理论可知，存在规模经济的企业不但能够降低生产成本，提高竞争优势还能为发展技术优势打下坚实基础，因为只有一定的资金规模优势才能保证企业高额的研发投入，并且只有较大的生产规模和市场规模才能分摊这些费用，从而降低产品的单位生产成本。尤其是随着产品生命周期的缩短和越来越昂贵的研发费用，顾客对产品特色以及服务的高要求等，都迫使公司必须利用内部和外部规模经济来降低单位商品生产成本，利用成本优势换取市场利润。对于一个国家来说，出口规模的扩大和出口市场的日益广阔，同样可以获得规模经济的效应。为此，本章将规模经济当作 GVC 升级的可能影响因素，将其当作控制变量加入到计量方程中。

5. 制度

产品 GVC 的跨国配置，反映了分工经济和交易费用的彼此协调。产品生产之所以按照生产环节被配置到不同国家和地区，主要源于这些国家和地区间的要素禀赋结构差异所带来的生产成本节约和效率提升，其中，诸如市场完善程度、政府行政效率、社会信用体系，以及法律法规的完善程度等外部制度质量，是影响交易费用的重要因素。而且越是高端的产品生产环节，其交易费用越依赖于外部制度质量。所以，在利润最大化和成本最小化的驱动下，制度质量成为决定一国全球价值链升级与否的一个因素。

鉴于以上分析，本章计量模型具体设定如下：

$$GVC\_Position_{it} = \beta_0 + \beta_1 OFDI_{it} + \beta_2 Resource_{it} + \beta_3 RD_{it} + \beta_4 FDI_{it}$$
$$+ \beta_5 Scale_{it} + \beta_6 Government_{it} + \alpha_i + \varepsilon_{it}$$

其中，下标 i 和 t 分别代表国家和年份。$GVC - Position_{it}$ 是被解释变量，代表 i 国 t 时期参加 GVC 的分工地位。选取 $OFDI_{it}$ 存量作为核心解释变量。要素禀赋（Resource$_{it}$）、研发投入（RD_{it}）、外商直接投资（FDI$_{it}$）、规模经济（Scale$_{it}$）、制度指标（Government$_{it}$）作为控制变量。ε_{it} 为随机扰动项。

二、数据来源及说明

（一）样本选择

WTO 和 OECD 基于增加值贸易核算方法及各国投入产出表，测算并与2013 年首次发布了增加值贸易数据库 TiVA，并于 2016 年进行了修订。新修订的数据库测算了 63 个国家、34 个产业从 1995 年到 2014 年增加值贸易的指标。本章使用该数据库，选取其中的 22 个发展中国家作为样本，考虑到数据的可得性以及连续性，选取 1995 年、2000 年、2005 年、2008—2014 年十个年份的面板数据进行分析。

（二）数据来源

核心解释变量 OFDI$_{it}$ 存量和控制变量 FDI$_{it}$ 存量数据，源自 UNCTAD 数据库，OFDI$_{it}$ 和 FDI$_{it}$ 指标分别使用 i 国 t 时期 OFDI 流量和 FDI 流量占 GDP 的比重衡量。控制变量中，要素禀赋（K/L$_{it}$）、研发投入（RD$_{it}$）、规模经济（$Scale_{it}$）的数据全部来自世界银行的世界发展指标 World Development Indicators（WDI）数据库，其中，要素禀赋（$Resource_{it}$）使用 i 国 t 时期农林牧渔业和采矿业出口占总出口的比重来表示，RD_{it} 为 i 国 t 时期研发投入占 GDP 的比例，规模经济（$Scale_{it}$）使用 i 国 t 时期总出口占世界出口的比来衡量。制度指标（Governmentit）来自世界银行 Worldwide Governance Indicators（WGI）数据库，使用政府效率指标来衡量。表 5 -6 显示了各变量的统计描述情况。

表 5 -6　　　　各关键变量的描述性统计

变量	均值（Mean）	标准差（S. D）	极小值（Min）	极大值（Max）	样本量（N）
全球价值链分工地位指数（GVC_Position）	0. 193	0. 215	- 0. 022	0. 364	220
对外直接投资存量（OFDI）	0. 022	0. 012	0. 018	0. 136	220
要素禀赋（Resource）	0. 162	0. 184	0. 005	0. 895	220
研发投入（RD）	0. 455	0. 301	0. 065	0. 892	220
外商直接投资（FDI）	0. 025	0. 016	0. 035	0. 151	220
规模经济（Scale）	0. 019	1. 088	0. 016	0. 023	220
制度指标（Government）	0. 318	0. 520	- 0. 685	1. 607	220

三、模型检验与结果分析

（一）静态面板数据回归结果分析

本章采用 Stata14.0 对面板数据进行回归分析。在计量回归之前，首先检验对各个变量间是否具有多重共线关系，各变量的 VIF 都 <10，因此该模型各变量间不具有多重共线性。随后，利用 Hausman 在随机和固定两类模型间分析，结果不能拒绝随机效应原假设，因此，本章应选取随机效应模型。在回归过程，首先将 OFDI 作为基础变量，依次纳入控制变量。

表 5 - 7　　　　　　　　　　　静态面板数据估计结果

变量	模型（1）	模型（2）	模型（3）	模型（4）	模型（5）	模型（6）	模型（7）
常数项 （Cons）	-0.136** (-2.48)	-0.130** (-2.55)	-0.144** (-2.62)	-0.151** (-2.41)	-0.133** (-2.81)	-0.126** (-2.73)	-0.225** (-2.50)
对外直接投资 存量（OFDI）	0.086** (2.39)	0.084** (2.26)	0.081** (2.21)	0.087** (2.31)	0.089** (2.30)	0.085** (2.19)	0.087** (2.08)
要素禀赋 （Resource）		0.536** (2.25)	0.493** (2.13)	0.483** (2.10)	0.490** (2.07)	0.438** (2.11)	0.419** (2.05)
研发投入 （RD）			0.095** (2.11)	0.093** (2.15)	0.090** (2.08)	0.085** (2.13)	0.077** (2.09)
外商直接投资 （FDI）				0.093** (2.06)	0.090** (2.01)	0.085** (2.19)	0.073** (2.03)
规模经济 （Scale）					0.016 (0.47)	0.013 (0.43)	0.012 (0.45)
制度指标 （Government）						0.021 (0.38)	0.019 (0.36)
R^2	0.832	0.846	0.835	0.834	0.836	0.838	0.851
调整后 R^2	0.813	0.819	0.818	0.815	0.818	0.821	0.822
F	22.12	21.27	20.39	25.60	18.60	19.63	18.06
样本量	220	220	220	220	220	220	220

注：＊＊＊、＊＊、＊分别表示在显著性水平为 0.01、0.05、0.1 的水平下显著。

根据表 5 - 7 的报告的回归结果，可得到如下结论：

1. OFDI 能够加速我国及发展中国家的 GVC 升级

第 2 列的结果是只把 OFDI 当作解释变量回归得到的。结果表明，系数估计值大于零，在 5% 的显著性水平下对全球价值链升级有着显著影响。具体而言，从国际分工地位指数的设定可知，上述回归结果意味着以各国对外直接投资占 GDP 比重所表示的对外直接投资每增加 1%，就会促使该国 GVC 升级 8.6%。表 5 - 7 中第 3 到第 7 列的回归结果，是在方程中依次纳入要素禀赋变量、研发投入变量、外商直接投资变量、规模经济变量、制度变量后算得的结果。从中能够发现，纳入以上变量之后，并未改变对外直接投资对 GVC 升级的推动作用，换言之，在第 3 列至第 7 列的各结果中，对外直接投资系数始终保持大于零，并且至少在 5% 水平下存在显著影响。

2. 要素禀赋的估计系数始终为正

说明丰裕的自然资源是提升我国及发展中国家 GVC 分工地位的一个关键因素。这是因为自然资源丰富的国家通过对其他国家和地区出口自然资源处于 GVC 的上游位置。但是长期来看，会对发展中国家产业结构升级和外贸的可持续发展产生负面影响（毛海鸥，2015）。

3. 研发投入能够促进中国及其他发展中国家 GVC 升级

表 5-7 中第 3 列至第 7 列的结果说明：研发投入的系数（RDit）估计值始终为正，并且在第 3 列至第 7 列的估计结果中，均在 5% 水平下对 GVC 升级具有显著影响，表明中国和发展中国家通过提高研究和开发费用能够有效促进该国国际分工地位的提升。研发投入是发展中国家提高技术和创新能力的有效途径，通过 OFDI 的逆向技术外溢效应，发展中国家可以实现技术进步，从而改善本国在国际分工中的地位。

4. 外商直接投资的估计系数始终为正

表明发展中国家利用外资确实提升了本国的国际分工地位。外资进入发展中国家，通过技术外溢以及转让，加速了东道国公司的技术发展与生产率提升，加上外资的资本供给效应、就业效应、人力资本效应、产业关联效应等，均在一定程度上促进了中国及其发展中国家向全球价值链高端的攀升。

5. 规模经济和制度与 GVC 分工地位间没有显著相关性，说明规模经济与制度不是促进中国和发展中国家国际分工地位提升的因素

这点与传统的观点相矛盾，可能是由于中国及其他发展中国家的出口多是"数量型"增长，而不是"质量型"增长，只有对外贸易金额的高速增长，缺乏外贸结构的改善和外贸发展的可持续性，这种粗放型的外贸增长模式不仅不能提升一国的国际分工地位，反而会落入"外贸增长陷阱"。另外，发展中国家由于存在官僚腐败、市场经济体制不完善等制度性问

题，导致制度对全球价值链升级的影响不显著。

（二）动态面板数据回归结果分析

由于 GVC 地位指数可能具有持续性特征，即一国的 GVC 地位指数可能受到前期 GVC 地位指数的影响，因此，有必要在方程中纳入被解释变量的一阶滞后项并将其当作解释变量，此外，由于 OFDI 对 GVC 地位指数可能具有动态影响效应，基于原先模型增加 OFDI 的一阶滞后项。改变后的动态回归模型如下：

$$GVC\_Position_{it} = \beta_0 + \gamma 1 GVC\_Position_{it-1} + \beta_1 OFDI_{it}$$
$$+ \beta_2 OFDI_{it} - 1 + \beta_3 Resource_{it} + \beta_4 RD_{it} + \beta_5 FDI_{it}$$
$$+ \beta_6 Scale_{it} + \beta_7 Government_{it} + \nu_i + \mu_t + \varepsilon_{it}$$

其中，$GVC-Position_{it-1}$、$OFDI_{it-1}$ 分别为被解释变量和 $OFDI$ 的一阶滞后项。然而，如果被解释变量的一阶滞后项当作解释变量并且将其加入计量方程中，则容易出现内生性问题。因此，我们使用可以解决内生性问题的系统广义矩阵估计法，估计动态面板数据模型。表 5 – 8 显示了动态面板数据的回归结果。

表 5 – 8　　　　　　　　动态面板数据估计方法（GMM）

变量	系数估计	变量	系数估计
$GVC\_Position_{it-1}$	0. 512 **	$Scale_{it}$	0. 023
$OFDI_{it}$	0. 055 **	$Government_{it}$	0. 015
$OFDI_{it-1}$	0. 063 **	Cons	0. 078 *
$Resource_{it}$	0. 005 **	AR（1）	0. 006
RD_{it}	0. 053 **	AR（2）	0. 530
FDI_{it}	0. 050 **	Hansen 检验	35. 205

注：***、**、*分别表示在显著性水平为 0.01、0.05、0.1 的水平下显著。

从表 5 – 8 给出的各项回归结果中，可以看出：第一，GVC 地位指数估计系数大于零，说明至少在 5% 水平下对 GVC 指数具有显著积极影响，GVC 地位指数具有"持续性"的特征。第二，针对核心解释变量，当期以及滞后一期的 OFDI 系数估计均大于零,并且在 5% 水平下显著,这说明对外直接投资对 GVC 分工地位的提高有明显且持续的积极作用,也就是中国及其发展中国家 OFDI 规模的扩大会有利于其国际分工地位的提高。第三,对于其他控制变量,研发投入、要素禀赋、外商直接投资的回归系数依然大于零,说明这些因素对提高我国国际分工地位有积极影响,这和前面静态估算结果相同。

第三节 小结

本章第一节首先回顾了改革开放以来我国 OFDI 的发展历史,并且对其发展特征进行总结归纳。改革开放以来的 40 多年,中国的对外直接投资先后经历了探索、起步发展、调整完善、稳步推进、创新发展阶段,实现了投资规模、区域、领域、主体的巨大变化。总体来看,对外直接投资规模快速增长,对外直接投资行业结构不断优化。从投资区域来看,主要集中于周边国家和地区,对发达国家投资较少,投资主体也由国有企业主导逐渐转向多种所有制企业共同发展。2015—2017 年,我国 OFDI 流量已连续三年高于吸引外资,2017 年仅次于美国和日本,在世界排名第三。

本章第二节利用宏观数据检验了我国 OFDI 对 GVC 升级的影响。采用 WTO 以及 OECD 基于增加值贸易核算方法及各个国家投入产出表发布的增加值贸易数据库 TiVA,选取其中的 22 个发展中国家作为样本,$GVC_{-Positionit}$ 作为被解释变量,选取 $OFDI_{it}$ 存量作为核心解释变量。要素禀赋、研发投入、外商直接投资、规模经济、制度指标作为控制变量,进行实证检验。结果发现 OFDI 能够促进中国及其他发展中国家 GVC 升级。另外,要素禀赋、研发投入、外商直接投资均能起到促进一国向全球价值链攀升的作用,但是规模经济和制度变量对全球价值链的升级作用不明显。

第六章 中国企业对外直接投资促进全球价值链升级案例

前面几章主要是对中国对外直接投资活动的理论研究以及实证检验，从理论层面探究了中国在国际分工地位较低的情况下，通过对外直接投资实现全球价值链（GVC）升级的微观机理，从实证上检验了我国通过对外直接投资，提升国际分工地位的可能性。然而，仅从理论和实证角度进行分析，缺乏现实层面的支持。在实践中，我国企业究竟是如何开始国际化进程？他们走向国际市场的动因是什么？这种投资活动究竟给企业带了技术进步和全球价值链升级吗？

按照全球价值链驱动力的不同，全球价值链被划分为两种类型：一种是购买者驱动型，另一种是生产者驱动型。其中，生产者驱动型价值链是由规模较大的跨国公司所推动，这类企业常常存在于资本或技术较为密集的产业里，比如汽车、计算机、航空和电子产品，领导企业的核心能力在于其拥有大规模生产和技术能力；购买者驱动型价值链是由规模较大的零售商以及制造商在其中起关键核心作用，这种产品的生产网络多分布于出口地国家，尤其是发展中国家，这种模式往往多见于劳动密集型和消费品产业，比如服装、鞋子、消费类电子产品行业。在购买者驱动价值链中，发展中国家公司通过 OEM 的方式完成产品生产环节，而销售及服务则由大型零售商以及品牌拥有者负责。领头企业并不从事产品的生产活动，其核心能力体现在设计、营销、服务等高附加值环节。

本章节首先阐述了改革开放之后，我国企业通过对发达国家对外直接投资，获得技术的相关情况，然后从全球价值链驱动类型角度出发，分别选取了通信设备制造行业的华为公司和家电制造业的海尔公司为案例，剖析中国企业如何通过对外直接投资方式，实现全球价值链升级，来进一步证实前文中对外直接投资促进 GVC 升级的理论以及实证研究结果。

第一节　中国企业技术获取型对外直接投资的实践

改革开放以来，我国企业陆续进入海外市场，开始对外直接投资。特别是中国加入 WTO 以来，国际经贸环境逐渐宽松，加之我国政策的促进和企业自身发展的客观需要，我国的对外直接投资规模日益扩大。在 GVC 分工下，中国部分高科技公司将对外直接投资当作获取资源，提高自身核心技术水平的一种方式。这种类型的投资表现为两种形式：一是到发达国家和地区兼并和收购高科技企业；二是在国外采用独资、合资或者合作的方式建立研发机构。虽然海外投资方式、方法不同，然而其目的均是通过对先进国家和地区技术外溢的消化吸收从而获得各种资源，并将全球资源整合到一起，快速融入 GVC 的高端环节中，完成全球价值链的升级。

1991 年 2 月，上海复华实业和 JAIDO 共同出资成立上海中和软件有限公司，并在日本东京设立研发中心，这是我国企业首次在海外成立公司。此后，海尔、华为、联想、万向等具有前瞻性的中国企业纷纷开始国际化进程。这些优秀企业的对外直接投资活动，不仅促进了本企业的技术进步，还带动了中国整个产业结构的调整和升级，提升了中国在全球的国际分工地位。

表 6 - 1　　中国企业在发达国家的对外直接投资行为（部分）

企业名称	海外投资行为	设立方式	所属行业
上海复华	中和软件株式分社东京分社 R&D 机构（1991）	合资	电子
	美国环球控制系统有限公司（1994）		
联想集团	美国硅谷实验室（1992）	独资新建	信息
	日本大和实验室、美国北卡实验室（2005）	并购	
	收购 IBM 个人电脑业务（2004）	并购	
	与 NEC 合资成立公司（2011）	合资	
	并购摩托罗拉移动智能手机业务（2014）	并购	

续表

企业名称	海外投资行为	设立方式	所属行业
中兴通信	中兴美国研究中心（1998） 韩国研究所（2000） 巴基斯坦实验室（2005）	独资新建	通信
万向集团	万向美国公司注册成立（1994） 收购美国汽车市场三大零部件生产商之一舍勒（1999） 美国芝加哥万向集团北美技术中心（2001） 收购 UAI 企业（2001） 并购全球最大传动系统制造商 DANA（2007） 收购美国汽车水箱最大供应商 Vista – Pro（2009） 收购美国 A123 系统公司（2013） 收购美国电动汽车制造商 Fisker 汽车公司（2014）	独资新建 并购 独资新建 并购 并购 并购 并购 并购	机械
吉利集团	并购澳大利亚国际动力系统（DSI）（2009） 收购沃尔沃公司（2010） 收购宝腾（2017） 收购戴姆斯勒股份（2018）	并购	汽车
TCL 公司	成立德国研发中心（2003） 收购汤姆逊彩电业务（2003） 成立美国研发中心（2004） 成立新加坡研发中心（2004） 收购商用信息科技 100% 股份（2018）	并购 并购 独资新建 独资新建 并购	家电
京东方	收购京东方现代显示技术会社（2003）	并购	电子
中联重科	收购 CIFA（2008）	并购	机械
均胜	收购美国汽车安全系统供应商 Key safety Systems（2016）	并购	汽车

资料来源：根据各大公司网站数据整理。

一、投资行业的变化：从家电业到信息技术和通信业

20 世纪 90 年代前期，是中国企业跨国技术获取的起步阶段，这一阶段的跨国投资发展缓慢，多采用合资、合作方式。90 年代后期逐渐趋于稳定，投资行业主要集中在家电行业。比如格兰仕集团与日本企业合作，于 1999 年成立美国微波炉研究所，短短几年时间内开发出 600 多项专利和专有技术。康佳集团于 1998 年在美国设立研发机构，研制出高清彩色电视

机。海尔在美国、法国、荷兰等地陆续建立了 18 个全球研发设计中心，与国外高科技企业组成技术联盟，技术上获得了突飞猛进。2001 年至今，中国企业对外技术获取型投资的发展速度较快，投资领域逐渐扩大，从家电向信息技术、通信、机械制造等行业扩展。联想集团于 2004 年收购了 IBM 的个人电脑业务，2010 年，吉利公司收购了沃尔沃。2018 年，中国化工集团以 88 亿美元收购意大利轮胎制造商倍耐力。

二、投资方式的转变：从绿地投资到跨国并购

目前，我国企业有两大途径进行对外直接投资：一是建立国外科研机构，通过靠近技术创新地、追踪先进技术，获取最新信息，二是通过并购直接获得东道国公司的核心科技，从而有效运用海外科技资源。从时间角度来看，21 世纪以前，我国企业多以独资或合资合作形式进行对外直接投资活动，之后越来越多的公司以跨国并购的方式进入东道国市场，如表 6-1 所示。

通过跨国并购方式获取先进技术，不但能够节约公司的研发成本，还能够使公司在短时间内获取自己所短缺的技术，快速增强企业的科技实力，实现全球价值链攀升。如 2003 年初，京东方通过并购韩国韩国现代显示公司，直接获得了第五代液晶生产技术。2004 年，联想收购 IBM 个人电脑业务，获得了 IBM 在笔记本电脑制造上的领先技术。2008 年 3 月，中联重科收购了 CIFA，获得混凝土设备的专业研发、制造、销售经验和 CIFA 品牌知名度优势。2010 年 8 月，吉利收购沃尔沃公司，获得了沃尔沃汽车的核心技术。

三、投资主体的变化：从国有企业到多元化

以前，国内具有较强技术实力的大中型企业是开展技术获取型海外投资的重要主体。近几年，大量民营企业也纷纷走出国门，逐步发展成技术获取型投资的主力军，投资主体趋于多元化。国有企业由于盘子大，国内资源多，在进行海外并购时更加挑剔，再加上欧美发达国家常以国家安全

为由对并购案否决，造成国企海外并购逐步放缓。而民营企业得益于其科学的决策机制，在国外并购市场上更为机动，效率更高。拿汽车产业来看，2016 年，民营汽车零件公司宣布了 15 起跨境并购，占交易总额的80% 以上。其中，均胜电子以 14.4 亿美元价值收购美国汽车安全系统供应商 Key safety Systems，成为民营零部件企业发起的最大交易金额的并购项目。

第二节　华为对外直接投资
实现全球价值链两端升级案例

一、通信设备制造行业的全球价值链

随着经济全球化的逐渐发展，全球范围内的价值创造体系呈现出垂直分离以及重构现象。在通信设备制造行业，产业分工进一步深化，从产业之间逐渐向产业之内最终向产品之内分工演变，同一个产业内部价值链的不同环节，以及同一个产品内不同工序的分工也进一步细化。在通信设备制造行业，发达国家将该行业的劳动密集环节向外部转移，为发展中国家加入国际分工体系提供了更多机会。全球通信产品制造行业的价值链出现了"大区域离散，小区域集聚"的现象。

生产者驱动型的全球价值链，其驱动主体是掌握核心技术和关键部件的大型跨国公司。它们牢牢掌控着产品 R&D 和核心零部件生产等高附加值环节，而将低附加值环节，如非核心零部件生产和加工组装等环节配置到发展中国家和地区，通过遍布全球的生产网络，采取专业化分工，整合全球资源，实现资源最佳配置和利润最大化。如果嵌入购买者驱动类型的企业，就要通过对外直接投资方式，直接进入发达国家的技术源头，获取高端要素，既可以在当地新建海外研发中心，获取间接的技术溢出，也可以并购发达国家的企业，直接获取技术和人才。海外的子公司通过反馈机制，将获取的新技术源源不断地传输回母公司，母公司再通过学习效应、

竞争效应等机制，促进整个企业技术水平的提升，进而逐步嵌入和占据全球价值链的高端环节，摆脱对发达国家的技术依赖。

通信产品制造行业属于生产者驱动型全球价值链，欧美等国和日本处于该产业价值链的最高端位置，负责产品标准制定及新型产品的开发。韩国、东南亚国家和中国台湾地区处于价值链的中端，掌握着通信产品中关键零配件的生产环节。而具有劳动力比较优势的发展中国家则位于价值链最低端，主要负责整个产品的加工以及装配环节。从研发，生产到销售等环节共同组成了通信行业的价值链，被称为微笑曲线（见图6-1）。

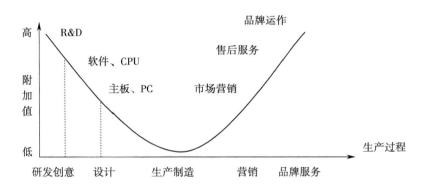

图6-1　通信设备制造行业的全球价值链

通常来说，处于微笑曲线底端位置的加工装配环节，附加值最小。但是由曲线底端往两侧延伸，左边的开发、设计、零部件生产，右边的营销、售后、服务附加值增多。而且离曲线底端较远的环节具有较多的附加值。跨国企业就是根据微笑曲线原理，在全球布局生产产品，从而获得利益的最大化。

华为作为一家国际化公司，通过和国际公司合作、设立研发机构等方法，从被动合作逐渐转变为主导合作，在这一过程中，不仅提升了企业自身的技术实力和品牌形象，同时实现了整个通信设备业全球价值链的攀升。

二、华为的国际化进程

华为投资控股有限公司作为制造销售通信产品的民营企业，始终致力于通信网络中的传输网络、无线终端产品等。为世界各地电信运营商、企业和消费者等提供有竞争力的信息和通信技术（Information and Communication Technology，ICT）解决方案与服务。1987 年，华为是一个注册资本 2 万元的小型交换机代理商，在 30 多年后，已发展成为一家业务遍及全球 170 多个国家和地区，服务全世界三分之一以上的人口的大企业。截至 2017 年底，其内部员工约为 180000 名，超过 160 种国籍，国外员工本地化比例约为 70%。2017 年，华为销售额为 603621 百万元人民币，增幅高达 15.7%。华为开拓海外市场，全球化的经历可分为以下几个阶段：

（一）初试海外市场阶段（1995—1997 年）

1987 年，华为创立于广东深圳。在创立早期，华为的主要业务是代理用户交换机。1989 年，受市场冲击，华为从代理转向自主研发，先后开发了 BH01 和 BH03。1994 年是华为具有里程碑意义的一年，华为开发并推出的 C&C08 大获市场好评，大大提高了其知名度。同年，华为制定了提高创新能力，进军海外市场的目标。1995 年，华为并购了上海中外合资贝尔通信公司，为其开拓海外市场，走向国际打下了基础。1996 年，华为进驻香港地区，标志其正式进入国际市场。与此同时，为更好地对接国际业务，华为设立了国际市场部。1997 年，华为开始进入俄罗斯，与俄境内电信公司合作建立合资企业。

（二）进入欠发达地区阶段（1998—2000 年）

华为开拓国际市场采取了"农村包围城市"思路，即先打入经济发展水平较低的发展中国家，等到获得足够的经验以及占领一些市场份额之后，再逐渐进入高水平的发达国家中。通过采取先易后难的策略，华为逐渐把自己的品牌推广到世界各个国家和地区。华为首先进驻的是南美、中东和非洲等欠发达国家，1998 年，华为陆续参加了世界多个地区的展会，逐渐尝试在亚洲、拉美、中东北非等发展中国家和区域设立海外代表处。1999 年是华为国际化进程的里程碑，华为于当年拿下了也门和老挝的市场订单，并在印度班加罗尔成立了科研基地。在这一时期，华为还获得了东南亚一些国家的大额订单，东南亚也逐渐发展成华为在国外的第二大市场。2000 年，华为继续执行其开拓国际市场的战略，并先后进入中东，南美和非洲等国。通过一系列的努力，华为的自主品牌逐渐被亚洲及其他国家的用户认可和接受。

（三）进入欧美等发达地区阶段（2000—2008 年）

华为在取得东南亚市场，并且站稳脚跟之后，开始大力开拓欧美等国的市场。2000 年，华为在瑞典的斯德哥尔摩成立创新和科研基地。当年，华为的境外销售总额高达 1 亿美元。2001 年，华为在硅谷以及达拉斯等四个地方建立四个研发基地，市场销售额猛增至 55200 万美元。2003 年，华为和 3Com 合作成立子公司，以开展企业数据网络方面的业务。同年，华为和摩托罗拉达成合作协议，以顺利进入美国市场。2004 年，华为和西门子公司联合成立企业，研究 TD‒SCDMA 相关的业务。同年，华为还与 Telfort 签订了总金额高达 2500 万美元的商业合同。2005 年，华为的境外销售总额已高于境内，初步实现了国际化。另外，华为和移动电信行业的巨头沃达丰签订长期协议，成为沃达丰和英国电信的合作方。此后，华为再接再厉，与信息安全领域的巨头赛门铁克达成合作，发展存储和安全性等方面的业务，与 Global Marine 联合成立企业，专门开发海缆端到端网络等项目。

到此阶段为止，华为已经和西欧所有主要国家的主流运营商展开合作。经过多年的积累，华为的各项业务已遍布海外，超过 100 个国家或地区的消费者用过华为的产品，总人数超过 10 亿，海外已成为华为最大的用户市场。2008 年，华为入选由商业周刊评选的十家最有影响力的企业，同年，华为位列全球移动设备行业的第三名。在移动宽带产品方面，华为的市场占有率高居全球第一。另外，华为在研发创新方面也位居全球前列，

2008 年，华为共申请了 1737 项技术专利；LTE 专利数占全球 10% 以上。

（四）全球化阶段（2009 年至今）

国际金融危机后，华为进一步加大了对高端技术的创新和国际市场的开拓。2009 年，华为的无线接入市场在全世界中所占有的份额位列第二位，被美国 Fast Company 选为最具创新力企业前 5 强。2010 年，华为在英国设立安全认证中心。2012 年，为巩固欧美市场，华为加大了对欧洲，尤其是英国的直接投资。同年，华为在芬兰成立创新基地，并在英法两国设立当地的董事会与委员会。2013 年，为推动电信行业的发展，加快 5G 建设，华为推出 5G 技术白皮书，阐述该项技术的发展前景和规划，同时，华为与国内外多所高校展开合作，为构建无线未来技术发展、行业标准和产业链积极贡献力量。2014 年，华为在全球范围内已建立了 16 个研发基地，28 个科研创新中心。2017 年，华为的海外知名度为 86%，增幅为 5%，用户使用华为产品的意愿也持续提高，增幅高达 10%，位于全球前列。

截至 2017 年，华为的产品和服务已遍及全球 170 个国家，品牌知名度和用户满意度远高于行业平均水平，是当之无愧的全球移动通信领域的领头羊。华为通过和世界通信产业的知名跨国公司合作，通过跨国并购、设立研发机构等方法，从被动参与全球价值链逐渐转变为主导全球价值链。在这一过程中，不仅增强了企业的自主创新能力，提高了华为品牌的国际知名度，同时实现了华为公司在整个通信设备产业领域全球价值链的攀升。

表 6 - 2　　　　华为海外对外直接投资行为（1999—2014 年）

年份	事件
1999	在印度班加罗尔设立研发中心，该中心在 2001 年及 2003 年先后得到了 CMM4 级以及 CMM5 级认证
2000	在斯德哥尔摩建立了研发基地，致力于产品研发
2001	在美国设立四个研发中心。加入国际电信联盟（ITU）
2003	与 3Com 公司共同组建了合资企业，一同致力于分析公司数据网的解决方案
2004	与西门子一同合作组建了合资企业，一同致力于研究 TD - SCDMA 的解决方案

续表

年份	事件
2005	与沃达丰签订合作协议，成功成为沃达丰的优选通信产品供应商 作为英国电信（简写为 BT）首先选择的 21 世纪互联网供应商，为其 21 世纪互联网提供 MSAN 零件以及传输装置
2006	与摩托罗拉共同在上海设立研发基地，一同研发 UMTS 技术
2007	与赛门铁克一同组建合资企业，共同致力于研发存储设备、安全设备以及相关的解决方案 与 Global Marine 共同组建合资企业，研发海缆端到端的互联网解决方案 与整个欧洲的全部顶级运营商建立合作关系
2008	第一次在北美大范围应用 UMTS/HSPA，为 Telus 以及 Bell 研发提供新一代的无线网络
2010	在英国成立安全认证中心
2012	始终坚持在全世界范围内推行本土化运营，重点将资金投向欧洲，增加了对英国的投资力度，在芬兰建设了新的研发基地；同时在法国、英国两国设立了当地董事会以及咨询委员会
2013	在伦敦建立了全球财务风险管控中心，该中心负责监督管理华为在全世界范围内的财务风险，以保证其财务业务科学、有效、有序、安全的运行 欧洲物流中心也在匈牙利成功建设完成并且投入使用，物流范围包含了亚欧、非洲等地区 华为是欧洲 5G 工程的重要推行方、英国 5GIC 的发起方，其制定了 5G 白皮书，主动倡导建设 5G 生态圈，同时和全世界 20 余所高等院校共同合作研发新产品与新技术
2014	在全球 9 个国家建立 5G 创新研究中心 在全世界范围内所拥有的研发中心数量为 16 个，联合创新中心总计 28 个

资料来源：根据华为官方网站相关资料整理而得。

三、华为进入国际市场的模式

（一）设立海外研发机构

华为采取在高科技集聚地设立研发机构的方式，通过聘用当地的高科技人员、购买当地的先进设备，在技术创新中不断探索及吸收当地先进经验和技术，并把这些技术转化成自身的创造力。欧美等西方发达国家创新环境非常优良，在电信方面技术水平较高，而俄罗斯和印度则是世界上发展较快的新兴经济体，有着发展速度快、人力资源丰富的优势。因此，华为在最近几年分别在美国、芬兰、印度及英国等国设立了技术研发机构，这些机构并已成为华为公司对世界先进技术及信息持续跟踪的重要平台。

表6-3　　　　　　　**华为海外研发中心分布（1999—2015年）**

东道国	海外研发中心分布
印度	1999年，华为设立印度班加罗尔研发中心。该研发中心聚焦为母公司各产品线开发和交付优质的软件平台、零部件和应用
俄罗斯	1999年，华为成立数学所；2013年，华为俄罗斯研发中心展开了从俄电信公司招募优秀人才的行动；华为莫斯科技术研发人员主要从事光纤及无线通信、多媒体与云计算的研究开发工作
瑞典	2000年，华为设立瑞典斯德哥尔摩3G技术中心
美国	2001年，华为设立美国硅谷研发中心 2016年3月，在美国西雅图贝尔维尤成立研发机构
加拿大	2008年，在加拿大渥太华成立研发中心，是华为信息通信技术研发创新的重要海外基地，在5G移动通信及光通信技术等领域已具备世界级核心研发能力。2015年，华为宣布计划在滑铁卢建立研发中心，目标是解决手机的安全问题
印度尼西亚	2008年，华为印度尼西亚研发中心成立 2016年，印度尼西亚通信部和华为共同成立了ICT创新中心
德国	2009年，华为于杜塞尔多夫建立研发中心，服务重要客户沃达丰德国公司
土耳其	2009年，在伊斯坦布尔建立研发中心，该中心为华为海外第二大研究所，主要致力于软件产品和业务、无线技术、全IP融合技术等的研发，以及产品规划、优化等相关流程的分析和研究
日本	2010年10月开始，华为在日本进行通信终端领域的研发，2011年9月增加了通信网路领域的研发，并正式启动了日本研究所。2013年，华为将分散于东京市内两处的研发中心移至横滨并整合
巴西	2011年在巴西坎比纳斯设立
意大利	2011年，华为在意大利米兰建立微波研发基地，该中心是华为首个全球性研发中心，旨在解决日趋激增的数据流量所带来的带宽需求问题
芬兰	2012年，华为在芬兰荷尔辛基建立研发中心，中心专注于移动设备技术的开发，主要是聚焦于智能手机、平板等移动设备的软件开发

续表

东道国	海外研发中心分布
英国	2013 年，华为投资 2 亿美元在英国建立研发基地
西班牙	2013 年，华为宣布将在西班牙建立研发基地
法国	2014 年，华为在法国巴黎建立大数据研发中心，旨在通过大力推进数据科学研究以实现技术的进一步发展。在索菲亚科技园设立研发中心，专注于芯片设计和嵌入式技术研究
匈牙利	2015 年，华为扩建在匈牙利的研发中心

资料来源：根据华为官方网站相关资料整理而得。

（二）跨国并购

跨国并购以快速获得最新的技术前沿，避免自身研发失败的风险。华为采取在欧美发达国家收购或者兼并当地高科技企业，通过对全球资源的重新整合，直接完成先进技术的获取，并把其在企业内部进行及时消化，加速技术创新力度，进而完成华为技术能力的提升。华为相继在比利时、美国、英国、澳大利亚等国家开展并购业务，跨国并购成为华为快速获得和掌握世界最新信息与通信技术的方式。

表 6 - 4　　　　　　华为大型跨国并购事件（2010—2014 年）

时间	事件
2010 年 10 月	以 0.1 亿美元并购比利时 Option NV 旗下 M4S 公司，获得移动宽带的研发技术和研发团队
2011 年 11 月	以 5.3 亿美元并购美国 Symantec 公司，获得网络安全、存储和系统管理技术
2012 年 1 月	收购英国光电子研发中心（CIP），获得光通信技术研发能力和 CIP 位于英国的 Ipswitch 研发团队
2013 年 8 月	以 0.09 亿美元收购 Caliopa 硅光子公司，获得硅光子光学设备研发技术以及欧洲团队的重整
2013 年 12 月	以 1900 万美元收购 Fastwire 公司，得到了运营支持系统的研发技术和研发团队
2014 年 9 月	以 0.25 亿美元收购 Neul 公司，获得物联网市场准入

资料来源：根据华为官方网站相关资料整理而得。

（三）建立技术联盟，实现优势互补

华为通过和国外的一些大型企业、科研院所或学校等形成技术合作联盟，以便尽快取得国外先进经验和技术，实现自身创新能力的提升。自2010年在欧洲启动以来，截至2017年底，与HIRP进行创新合作的国家已达到30多个，其中企业超过900家，科研院所也突破了400所，获取了大量的创新资源，在这些资源中，包括了诺贝尔奖获得者领导团队两个、国际顶级团队400多个、重点实验室50多个、享誉全球的院士100多位以及全球高校中排名前100名的所有院校。

（四）建立战略伙伴关系

华为与世界许多世界顶级行业应用、咨询或方案供应商，如英特尔、埃森哲等达成了战略合作关系，它们一起研发企业数字化、物联网以及云等产业数字化方案。全球企业五百强中的197家，全球一百强中的45家企业都与华为达成了数字转型合作关系。与此同时，华为着眼全球培训，已在世界12个区域完成了培训中心的设置，在这其中，海外人员的覆盖率超过了80%，为今后华为的市场、人才以及技术优势打下了坚实的基础。

四、华为的对外直接投资动因

（一）决胜高端

通信制造业属于技术密集行业，企业的发展空间取决于技术的先进程度。华为作为较早开展国际化的通信制造业，可谓是技术创新主导型企业的典范。国际化初期，华为主要以通信设备的加工制造进入GVC，虽然凭借GVC的工艺流程和产品升级，在通信制造行业中赢得了席位，但始终无法步入通信产品制造商的第一梯队。3G时代的来临为华为带来了难得的契机，华为依托全球价值链，凭借开放式的技术创新与超前的技术研发，顺利实现了 GVC 的功能升级。众所周知，GVC 的高端环节直接决定着公司在全球分工体系中所处地位和获利能力。华为采取双管齐下的方式来占领 GVC 的高端环节。一方面，华为通过并购大型跨国公司来整合全球的研发资源，借助研发国际化来巩固其技术的领先地位。另一方面，华为不断加大研发投入力度来强化技术创新引领，每一年度将大于 10% 的销售收入用于研发，2007 年，华为的技术研发人员数量为 8 万人，占到公司总人数的 45%，也是在该年，华为用于研发的支出达到了 896.9 万元人民币，在公司全年收入中占比约为 15%。

（二）转型终端

华为先是完成了产品及 GVC 工艺流程的升级，然后依托决胜高端战略实现了 GVC 的功能升级，最后通过实施转型终端来实现 GVC 的链条升级。为了消除电信设备制造业的发展瓶颈，华为从单一的运营商过渡到多元化发展，在实现单一 GVC 功能升级的同时，完成 GVC 各个链条间的跃迁。2017 年，华为的两个手机品牌荣耀和华为实现了质的突破，用户数量增加明显，市场占有率飞速提升，仅在该年，华为及荣耀两个品牌就销售了13500 万台智能手机，在全球市场占有份额中超过了 10%，并位居世界第三位，在国内市场中处于遥遥领先的地位。全球价值链 4 种升级途径，在华为全面推进国际化进程中已得到完美诠释。

（三）全球化布局

华为公司注重全球生产网络的构建，截至 2017 年底，其业务已遍及170 余个国家，海外员工的本地化比率高达 75%，其移动网集成服务已经为全世界 500 多家运营商提供移动网络设计服务，室内覆盖集成服务总共涉及了 65 个国家，全球化均衡布局使得公司的销售盈利额逐渐提升。2017年公司全年销售收入高达 6036.21 亿元人民币，其中该年度在中国、欧洲中东非洲、亚太和美洲地区实现的销售收入依次为 3050 万元人民币、1638万元人民币、744 万元人民币和 392 万元人民币，对应同比增幅分别为

29.0%、4.7%、10.3%和10.9%。

五、华为全球价值链的两端升级

（一）技术环节已步入世界先进行列

截至2017年底，华为总计得到专利授权74307件，其中超过90%是发明专利，进入欧美的公司专利授权量位居前列。到2017年底，华为所加入的开源社区、产业联盟或标准化组织数量已突破360个，担任超过300个重要职位，在 IIC、IEEE - SA、BBF、ETSI、TMF、WFA、OASIS、WWRF、OpenStack、Linaro、ONAP、IFAA、GP 和 CCSA、All 等组织担任董事会或执行委员会成员。

（二）营销环节已步入世界前列

2017年，华为的全球知名度由过去的81%上升到86%，国外消费群体对华为的考虑度也迅速上升，首次进入全球前三。2013年，华为首次实现了行业营业收入的世界第一。华为及荣耀两个品牌实现了质的突破，用户数量增加明显，市场占有率飞速提升，仅在该年，华为及荣耀两个品牌就销售了15300万台智能手机，在全球市场占有份额中超过了10%，并位居世界第三位，在国内市场中处于遥遥领先的地位。2017年，华为已发展为世界领先的信息与通信基础设施以及终端设备提供商，业务遍及170余个国家及地区总计30亿人。

（三）生产环节实现外包

为了实现在全球价值链中的不断升级，华为把更多的精力投入在了电信研发及销售等附加值更高的领域，仅从事利润较大的产品生产活动，其他多数产品都在生产环节中实现了外包。华为在全球范围内整合资源，正逐渐向世界通信行业全球价值链领导者地位转变。

第三节　海尔对外直接投资
实现全球价值链两端升级案例

一、家电行业的全球价值链

购买者驱动型全球价值链不同于生产者驱动型的全球价值链，其驱动主体不是掌握核心技术和关键部件的企业，而是拥有着国际知名品牌和掌控遍布全球的国际营销渠道的发达国家的大型跨国公司。这些公司通过对产品的市场销售和品牌化运作等流通领域的掌控，将产品的价值创造在全球布局。它的附加值的产生主要是在市场销售、品牌等流通环节。购买者驱动型全球价值链中，主导企业往往拥有悠久的历史品牌和遍布全球的营销网络，它们利用多年积累的品牌营销优势，在全球布局销售网络，控制整个价值链的流通环节，以获取价值链后端流通领域的巨额利润。

基于以上分析，如果想嵌入购买者驱动类型的企业，就要通过获取品牌和提高市场营销能力来实现价值链升级。身处不同文化背景的国家，在一个完全陌生的地方建立自己的品牌，获得让当地消费者认同，企业需要耗费很长的时间和资源，西方发达国家的市场成熟度高，消费者具有强烈的品牌忠诚度，一旦认定某种品牌，很长时间不会更改，中国的新品牌在短期内被当地消费者认同和使用的概率微乎其微。再加上人才、营销水平等方面缺乏和落后，企业也很难在短期内在投资国建立发达的销售网络。跨国并购可以很好地解决新建投资的这些问题。通过并购可以获得被并购企业的成熟品牌、销售渠道、上下游的供应商等资源，再对此进行进一步地优化、重组，从而快速进入当地市场，扩大销售规模。因此，对于嵌入购买者驱动的全球价值链的中国企业来说，抓住时机，并购发达国家一些老牌跨国公司，再通过资源和品牌的进一步整合，提高自身竞争力是非常有效和便捷的方式。

　　家电行业属于购买者驱动型全球价值链，20 世纪 70 年代，随着劳动力成本的上升，欧美本土家电企业纷纷将生产环节外包，以 OEM 方式转移到中国和东南亚国家和地区。中国承接了这种产业转移，依靠低成本劳动力优势加入家电产业全球价值链生产环节中，现如今，中国已经发展为全世界规模最大的家电产业制造中心。在彩色电视机行业，海尔、海信等年销售全球占比已超过了 50%；在空调行业，格力仅凭空调就实现了销售额破千亿元的壮举，且销量也占到了世界的 1/3；在洗衣机及冰箱行业，海尔的高端产品卡萨帝产品，已受到全球知名酒店或名流的青睐，成为行业发展的标杆。但是，大部分国内家电公司缺少国外销售渠道和品牌的国际知名度，仍处于家电业全球价值链的低端。

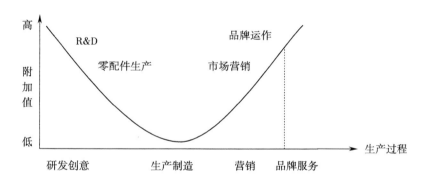

图 6 - 2　家电产业的全球价值链

二、海尔的国际化进程

　　海尔公司创立于 1984 年 12 月 26 日。在张瑞敏企业管理和经营哲学的指引下，海尔集团顺应时代潮流，从资不抵债、濒临破产的集体小工厂逐渐成为物联网引领的生态型企业。2017 年，海尔集团的全球营业额为 2419 亿元，利税总额首次突破 300 亿元。截至 2019 年，海尔在全世界拥有 10 个大型研发基地、24 个工业园区、108 个制造厂区、66 个销售中心。

(一) 国际化战略阶段 (20世纪90年代末至2007年)

20世纪90年代末, 海尔集团进入"国际化战略发展阶段", 开始全力进军海外市场。在国内完成扩张的前提下, 海尔着手进行合资企业的建设。1994年, 海尔和三菱开始进行合作, 共同建设了国内最大的冷气厂, 所生产的机型均为三菱最新的五款产品, 全部出口日本; 1996年, 海尔在印度尼西亚建设了由其控股的第一个海外生产基地, 由此开始了自主品牌的海外扩张之旅; 除此之外, 海尔还在东南亚岛国——菲律宾进行海尔洗衣机、冰箱等产品的生产, 并全部销售给当地市场。1997年, 海尔步入欧洲, 和南联盟一家企业达成合作关系, 生产冷气设备, 这也是海尔在欧洲的第一个生产基地。海尔与其他一些国内公司海外扩张的动机和形式有着较大的区别。很多国内公司在向海外发展时通常采取贴牌及短期获利的模式, 而海尔则是一直坚持自有品牌扩张的形式, 这意味着海尔在海外生产、销售自有产品时, 对产品标准、质量及服务等将做出更高的承诺。

品牌的成功发展离不开市场发展策略的成功, 海尔向国际化迈进的整体思路为"先难后易"。海尔最早是在欧美国家进行创牌活动, 紧接着, 依托在欧美及日本等国家所创下的品牌声望, 海尔又在欠发达国家进行业务拓展。在进入欧美市场后, 海尔又着手新的战略布局, 努力避开对手, 依托产品的差异及生产和研发速度取胜。

(二) 品牌全球化战略阶段 (2008—2016年)

在集团进入"全球化品牌战略发展阶段"后, 海尔的海外市场拓展速度也开始加快。在这一阶段, 海尔不只是依托自身资源开展海外基地的生产、设计及销售业务, 还通过海外并购, 快速实现了资源的获取和整合。2011年10月, 海尔完成了对三洋电机东南亚及本土全部业务的收购, 这在海尔甚至国内家电史上都有着划时代的意义。通过这次并购, 海尔不仅开拓了东南亚市场, 更是依托差异文化机制的模式, 把海尔的品牌及文化快速传递给了被并购企业员工，使其能够尽快融入海尔。2012 年，海尔又完成了对新西兰著名品牌 Fisher & Paykel 的收购，自身高端产品的设计及制造能力得到了进一步的夯实。2016 年 6 月 7 日，青岛海尔宣布和美国通电达成收购，美国通用家电成为了青岛海尔的子公司。

（三）全球网络化阶段（2017 年至今）

随着家电行业步入互联网发展阶段，用户个性化也日益明显。海尔海外市场也提早进行了互联网布局，利用自身资源，在企业大方针的指引下，成功提升了海尔互联网布局的竞争力。到 2017 年底，海尔依托分布在全球的五大研发基地，成功和世界著名研发中心、科研院所及供应商等开展了合作，并建立了战略伙伴关系，所形成的创新生态圈包含了近百万名工程师及科学家等高端人才。

表 6 - 5　　　　　海尔的对外直接投资活动（1999—2016 年）

年份	事件
1999	在美国南卡州建立了生产厂
2001	在巴基斯坦完成了世界上第二个海外工业园的建设； 并购意大利迈尼盖蒂公司，实现了我国白色家电公司的第一次跨国并购
2002	与德国欧倍德公司成立合资公司
2005	海尔中东工业园在撒哈布正式开业
2006	海尔—鲁巴经济区揭牌； 英特尔、海尔产品创新研发中心正式揭牌； 在大阪和三洋株式会社正式签署合约，并宣布成立合资公司
2007	与英特尔建立全方位战略关系； 与思科建立战略合作伙伴； 收购了印度一家具有 35 万台产能的企业，在印度正式开启了制造基地的建设
2011	与日本三洋电机株式会社正式签署协议，收购其多项业务，在日本以及东南亚建成 2 个研发基地、4 个制造中心以及 6 个区域的本土化市场销售机构

续表

年份	事件
2012	完成了新西兰知名品牌 Fisher & Paykel 的收购； 收购三洋电机株式会社的家用电器业务，海尔亚洲国际株式会社以及海尔亚科雅成立，AQUA 新品牌正式诞生
2013	正式宣布和法格家电（欧洲著名家电制造企业）成立合资企业； 与 KKR 建立合作关系，将在多个领域进行一系列合作
2014	继正在建设中的位于印度西部马哈拉施特拉邦的普纳工厂之后，计划在印度北部再建第二家工厂
2015	在埃文斯维尔正式成立了第一家开放式研发中心
2016	与通用电气达成全球战略合作伙伴关系，共同在工业、医药业、制造业提高双方公司的竞争力

资料来源：根据海尔官方网站相关资料整理而得。

三、海尔进入国际市场的模式

（一）绿地投资

20 世纪 90 年代，在国内市场站稳之后，海尔便开始走向国际化道路。1996 年，海尔集团在雅加达与印度尼西亚共同创建了海尔莎保罗，之后海尔又集中精力在海外先后投资建立了以下工厂：菲律宾的 LKG 电器、马来西亚的海尔工业、南斯拉夫的海尔空调生产厂。21 世纪初，海尔开始把国际化市场转向发达国家，1999 年，海尔在位于美国的南卡州建设了海外生产基地，真正开启了向发达国家的开拓之路。之后，海尔分别在德国、日本、英国设立合资公司，通过海外市场，加速其品牌国际化。

（二）跨国并购

跨国并购能够快速得到现成的销售渠道以及营销网络，节省公司自身渠道建设时间。海尔采取在欧美等国收购或者兼并当地知名家电公司，利用其成熟销售渠道和网络，将海尔家电走向发达国家和市场，提升海尔品牌的影响力。2011 年 9 月，海尔与松下的三洋签订了收购协议，海尔完成了对三洋电器在东南亚及日本冰箱及洗衣机等家电业务的全资收购，包括产品研发、生产以及所收购公司家电的销售以及服务业务。同年，海尔又成功收购了新西兰知名品牌 Fisher & Paykel。

（三）建立战略伙伴关系

目前，海尔已与思科、通用、KKR 等多个全球知名的家电公司开展合作。共同在工业、医药行业、制造行业等多个领域展开合作，提高公司的全球竞争力。

四、海尔的对外直接投资动因

（一）品牌国际化

与其他企业出口目标是出口创汇有所区别，海尔的国际化道路一开始便遵循由难到易的路径，依托自主创牌模式，海尔开始在国际上占有自己的一席之地。欧睿的数据统计显示，中国自主创牌家电产品在海外市场中所占的出口份额仅为 2.46%，在这其中，有高达 86.5% 的份额来自海尔。作为国内家电出口的领军企业，海尔所走的已经不再是出口创汇或贴牌的模式，而是基于自身品牌的创建，使得国内品牌在海外市场中站稳脚跟。

（二）占据全球价值链高端

家电产业全球价值链的高端在于品牌和研发，科技创新能力对家电企业而言，不仅意味着市场竞争力，更是能够决定企业全球价值链攀升的实力。截至目前，海尔的研发中心已经多达 10 个，主要分布在印度、韩国以及欧洲等国家及地区，每一个研发中心或者基地都可以作为研发总部，这样能够保证其在保持其特有的地域优势的同时还可以与其他研发基地形成有效互补，针对新产品的开发共同出谋划策。例如，在冰箱研发领域，海尔划分为五个模块，其中亚洲主要负责冰箱保鲜的研发工作，北美主要负责冰箱冰柜的研发工作，根据不同的模块创新来实现产品的共同进步。

根据十大研发基地的区域优势基础，海尔又实现了开放创新研发体系的构建，积极和全球知名供应商、科研院所或研发团队合作，动用全部资源，根据用户的实际需求进行产品创新，用户的问题主要集中在哪里，海尔就会集中资源去开发哪里，由此形成用户主导科技创新的"10＋N"模式。实现了"世界就是我的研发部"的理念。

五、海尔全球价值链的两端升级

（一）在家电行业中的技术环节已经逐渐步入了世界先进行列

截至 2018 年 6 月，海尔参与修订的国际标准达到 59 项，在修订过程中提出的修订提案也达到了 92 项，在家电领域提出标准修订提案最多的国内企业。在国际组织分工方面，海尔是国内仅有的一家 IEC/MSB 企业；海尔还担任着洗碗机国际分委会的秘书处工作，是国内仅有的国际标准分委企业。在冰箱领域，海尔主导着国际冰箱保鲜标准的制定，在家电行业上实现了国际性的突破。另外，在 ISO 及 IEC 中，海尔占据了 66 个专家席位，并在标准开发组织 UL 中独自占据了 28 个专家席位。

依托海外并购及创新开发，到 2017 年末，海尔所申请的专利已经超过了 38000 项，在这其中，有 25000 项为发明专利，所覆盖的国家已达 25 个。在这些专利中，来自海外的发明专利就接近 10000 项。

（二）在家电行业中的营销环节已步入了世界先进行列

2017 年，海尔的大型电器销售份额已经占据了全球份额的 10.6%，并且已经连续 9 年位列世界第一；分别以 14.6%、17.3%、13.5%、20.6% 的份额，占据了洗衣机、冰箱、冷柜、酒柜四个品类全球份额的首位。海尔集团的智能空调在全世界所占份额为 30.5%，连续 2 年居全世界互联空调销售量的首位。2017 年 3 月，海尔公司正式颁布了家电品牌全球化的大战略，在将统帅、卡萨帝以及海尔等多个品牌整合之后，海尔已经成为有着最佳特质、最全产品及最多品牌的"世界第一家电集群"。至今，海尔品牌已经覆盖了全球的 160 多个国家与地区，被全球数 10 亿消费者所熟知及接受。

第四节　小结

本章基于前文对中国对外直接投资活动总体的理论以及实证研究，首先介绍改革开放以来，中国企业通过对发达国家对外直接投资，获取技术的基本情况，然后从全球价值链驱动类型角度，选取了通信设备制造行业的华为公司和家电制造业的海尔公司作为案例，介绍了这两个具有行业代表性的公司对外直接投资的发展历程、投资方式、投资动机，通过剖析这两个企业如何通过国际化进程，逐渐接近以及掌握 GVC 上的战略环节，实现 GVC 攀升的案例，来进一步证实前文中对外直接投资促进 GVC 升级的理论以及实证研究结果。

第七章 中国对外直接投资促进全球价值链升级的战略选择

通过前面章节的论述可以得知，随着我国参与国际分工步伐的加快，许多企业被"低端锁定"在 GVC 的低端环节，通过代工形式参与到国际生产中。中国作为发展中国家的代表，主要是以低价劳动力成本和土地等资源优势融入国际分工体系，虽然近年来国际分工地位指数有所提升，分工地位也有所提高，但不能否认的事实是，与发达国家相比，我国仍然处在 GVC 的中低端。如何摆脱中国外贸发展对大型跨国公司的依赖，实现从加工组装环节向研发和市场环节的提升，改变 GVC "低端锁定"现状，实现中国全球价值链升级，是所有理论和实践工作者面临的重要课题。本章结合前面分析结论，从对外直接投资的主体选择、区位选择、方式选择、产业选择等层面提出通过对外直接投资促进全球价值升级的战略选择。

第一节 对外直接投资的主体选择

一、总体原则

中国的大多数企业在技术实力和营销能力方面与发达国家存在着很大的差距，因此，中国现阶段的对外投资应当以提高技术实力和市场渠道建设能力、增强企业国际竞争力为主。总体上，现阶段要重点关注两种类型的企业投资：一种是在各个行业拥有先进技术的大型企业，培育一批掌握核心技术、资金实力雄厚、品牌知名度高、竞争力强的世界水平的跨国公司，提高公司的跨国经营水平，增强企业国际化经营能力，打造中国本土的真正的跨国公司。另一种是充分发挥中小企业和民营企业作用。尽管中小企业和民企经营规模小、资金实力短缺、实力较弱，但并不妨碍其参与国际竞争，要提高中小企业和民营企业的自主创新能力和品牌能力，争当各个行业的"隐形冠军"。

二、加快培养一批大型跨国公司

在互联网以及全球化浪潮的席卷下，公司的竞争优势已发生了巨大转变，人力资源，技术与品牌价值是当下公司生存与发展的重要因素。跨国企业凭借其先进技术和人才优势，在行业竞争中居于领先地位。大型跨国公司通过对资源的全球配置、营销网络的广泛分布，逐渐成为掌控世界经济的重要力量。是否具有一大批有国际影响力的跨国企业，是评估某个国家综合国力的重要指标。

由于国际分工的发展，发达国家的跨国企业首先进入国际市场，凭借其技术优势掌控着全球价值链中的关键环节。目前，国家之间的竞争在很大程度上是一国跨国公司实力的竞争。发达国家的跨国公司直接左右着世界贸易、投资和经济的发展，引领着高端产业技术的最前沿。对欠发达国家而言，如果本土企业无法走出国门，抢占国际市场，就只能永远处于价值链的低端环节。

2016 年，全球排名前 100 名的跨国企业的海外收入、资产及职工数量分别占总数的 64.2%、62% 以及 56.9%，与其形成明显对比的是，我国前 100 名的跨国公司的海外收入、海外资产以及海外员工数量仅为总数的 19.7%、15.6% 和 7.6%，由此可见，我国本土企业的整体实力与欧美企业的实力相比仍有较大差距，许多企业在组织架构、管理模式和激励约束机制等方面远远落后于西方发达企业。为实现中国向价值链高端环节的攀升，中国迫切需要提高公司的跨国经营水平，培育一批技术过硬、资金实力雄厚、品牌知名度高、竞争力强的具有世界水平的跨国公司，实现我国

GVC 升级以及国际分工地位的提升。

三、充分发挥中小企业和民营企业作用

我国对外直接投资主体中，民营企业和中小型企业数量占绝大多数。中小型企业规模小，资金需求小，经营机制灵活，技术水平也更适应发展中国家的需求。所以，在研究我国大型跨国公司时，不可忽视中小型公司和民企在对外直接投资中所起的作用。尽管中小企业和民企经营规模小、资金实力短缺、实力较弱，但并不影响其"走出去"的脚步。

中小型公司和民企在"走出去"进程中，首先要做的是深刻理解公司国际化的含义，民企应该站在全球视角，从市场优化配置角度，规划公司价值链的全球分布，从管理制度，培训机制到盈利模式，全方位与国际接轨，真正实现全球化。其次要培育以及打造企业独立品牌。通过成立海外市场部，收购国外企业，建立国际品牌等方法，打破国外市场准入壁垒，基于市场偏好和客户需求确定新的销售策略，从而提高市场占有率和国际知名度。

着重培养民企和中小企业的领军者，在支持国企进入全球 500 强之外，也要鼓励有实力的中小企业和民企参与资源整合、提升国际竞争力，提高本土公司的核心竞争力和国际化水平，打造中国本土的跨国公司。同时鼓励民营企业境外投资，政府要在民营企业的融资保险、外汇审批、产业配套、信息咨询等方面给予优惠条件和便利化措施。

全球价值链的竞争，其实质是企业间科技创新能力的比拼，要想在竞争中不被超越，不断的科技创新至关重要。我国在科技领域研发投入较少、创新力不强是不争的事实。企业应该从战略高度意识到科技竞争的重要性，加快科技进步的速度，不断获取、吸收国外先进技术，不断进行再创新。同时，企业要加大研发投入，通过跨国并购、在国外设立研发机构、组建技术联盟等方式，获得世界前沿技术，实现公司价值链的提升。

第二节　对外直接投资的产业选择

一、总体原则

中国公司和发达国家跨国公司比较，在制造环节占有相对优势，在研发和品牌、售后环节处于劣势。因此，中国现阶段对外直接投资应当以提高产品科技含量和品牌知名度为主要目标，选择对经济增长具有较强带动作用的产业，通过向全球价值链两端延伸型的对外直接投资，提升产品竞争力，优化产业结构，实现 GVC 升级。总体上，现阶段应该发展三类产业的投资：一是国内资源短缺的行业。可以通过企业"走出去"方式，并购国外资源型企业，整合全球资源，弥补国内资源不足的问题。二是战略性新兴产业。优先鼓励国内高新技术企业，利用国外市场，占据国际技术最高点。三是国内具有比较优势的产业。发挥我国在劳动力成本、配套加工等方面的比较优势，利用对外直接投资绕过贸易壁垒、扩大市场份额。政府可以为这些不同种类的产业的对外直接投资制定相应的扶植政策，从而达到国内外优势互补、转移过剩产能和优化国内产业结构，进而实现我国全球 GVC 升级的目标。

二、加快我国企业并购重要领域的战略资产

跨国并购不仅能够快速获取国外的战略资产，增加企业的要素禀赋。同时还可以快速获得被并购企业的技术和销售渠道，提高并购企业的技术水平，迅速打开被并购国家的市场，提高企业的国际竞争力。我国高科技企业可以通过"走出去"的方式，并购发达国家处于行业领先水平的企业，快速获得发展所需的高端要素。政府也应该支持这些有实力的企业率先"走出去"，并购国外大型跨国公司和零售企业，在快速提升企业技术实力的同时，做大做强一批具有国际影响力的中国本土跨国公司，支持这类企业采用横向并购扩大市场份额，采用纵向并购进行产业

链优化重组，实现范围经济，通过整合全球资源，获得世界前沿技术和销售网络等战略资产。

三、鼓励战略性新兴产业对外直接投资

目前，中国战略性新兴产业正处在初步发展时期，由于中国市场环境不完善，大部分该类产业面临着发展瓶颈问题。所以，中国应该鼓励有实力的战略性新兴产业企业开展对外直接投资，充分借助国外市场，加速其发展。重点支持节能环保产业、新能源产业、新一代信息技术产业、生物产业、高端装备制造、新材料产业、新能源汽车等产业的对外直接投资活动。支持扶持这些在产业中具有较强国际竞争力的领军企业，发挥其"领头羊"作用。加强国际技术交流与合作，高效利用国际创新资源，提高我国这些产业的集成创新能力和引进消化吸收再创新能力。鼓励企业通过并购、合资、合作、参股等多种方式在海外设立研发中心，重点扶持风能、太阳能、新型平板显示和高性能集成电路、新能源汽车、生物育种等行业与国外研究机构、产业集群建立战略合作关系。支持企业设立海外营销中心和营销体系，培育中国的国际化品牌。

四、加速国内过剩产能产业对外直接投资

产能过剩行业通过绿地投资或并购，既能消化国内多余过剩产能，又能为企业重组资源，提高效率创造条件。纵观全球一些发达国家，在经济发展过程中都出现过产能严重过剩的情况，其都是通过大规模海外布局和产业转移，实现国内产业升级和经济增长。我国轻工、纺织、家电、船舶等产业产能过剩，政府可以通过政策引导，鼓励这些产业的优势企业海外设厂或以合资方式，在海外合理布局，化解过剩产能。尤其是中国"一带一路"倡议的实施，为中国过剩产能的转移提供了巨大的机会。"一带一路"沿线国家的经济发展水平大都比较落后，基础设施差，正需要钢铁、水泥、玻璃等建材来兴建基础设施，拉动当地经济发展。

第三节　对外直接投资的区位选择

一、总体原则

对外直接投资时，要优先选择与中国经贸关系良好、国内市场基础好的国家和地区，除了经济发展比较好的发达国家之外，还要考虑大量发展中国家，尤其是部分新兴市场国家和地区。总体来说，要把握以下几条原则：

一是多元化原则。结合自身的特点，寻求合理利用不同国家的优势资源，既不能集中于欧美等发达国家和地区，也不能局限于周边发展中国家和地区，要建立多层次的区位格局。二是就近原则。周边国家与我国有着相近的历史和文化特征，地理邻近，交通和通信更为快捷，区域内部从事投资和贸易活动更为方便和快捷。三是与产业相结合原则。投资区域要尽可能地发挥企业的比较优势，优势互补才能使企业活动有所成效。四是风险最小化原则。新的投资环境势必与母国存在着巨大的差异，前期调研和投资可行性分析是进入该市场前不可或缺的环节。要提前了解东道国的政治、投资政策、资源供给、市场需求和文化等，在熟知的基础上，选择合适的进入模式，做到风险最小化。

二、高端制造行业的对外直接投资区位选择

高端制造业往往具有技术和资本密集度高、产业关联性强的特点，多数处于产业链的高端。对这类产业投资的区位选择，既考虑东道国的科技实力，还要考虑东道国的消费者市场需求及市场成熟度。

高端制造业的对外直接投资应选择市场经济发达、消费市场成熟的欧美发达国家。这些国家和地区消费市场规模大，有着较为完善的法律体系和稳定的政治环境。另外，发达国家产业结构高级，拥有各类高精尖行业最前沿的技术，代表着各行各业最高的水平，在这些地方投资，中国公司

能够获得最前沿的世界技术，增强公司的自主创新力，进而提升国内产业结构和价值链升级。美国的信息产业、生物工程、材料技术、航空航天、微电子技术等均处于全球领先地位；德国的汽车、机械与化工产业；日本的家电、造船、电子技术等也处于世界领先地位。我国公司进行技术获取对外直接投资时，要依据各个国家所拥有的技术优势进行筛选，利用发达国家技术外溢以及集群效应，带动国内产业升级，提升我国国际分工地位。

另外，部分发展中国家与地区也可以作为我国公司对外直接投资的目的地。韩国、新加坡近些年来经济快速发展，积累了大量高素质人力资源和高科技技术，在电子、新材料、通信半导体等产业位居世界前列。俄罗斯在航空、军事等技术领域保持全球领先位置。中东欧乌克兰、波兰、保加利亚等国家拥有大量高素质的研究人员与专业技术人员，投资环境良好，也可以作为中国企业投资的目的地。

三、低端制造行业的对外直接投资区位选择

低端制造业即为技术含量低、附加值低的产业，主要包括劳动密集型产业。该类产业伴随中国沿海区域劳动力成本的逐渐升高，正逐渐失去优势，可以考虑向周边及其广大发展中国家产业转移。比如中国的家电、纺织等产业可以通过向广大的亚非拉国家和地区投资，解决我国产业过剩的问题。

我国制造业低端对外直接投资首先应考虑周边的发展中国家，以东南亚为重点。这些国家地理位置与中国邻近，且与中国的经贸合作发展良好，再加上为了吸引外资，拉动当地经济发展，这些国家也制定了许多优惠的投资政策，投资软环境相对较好。东南亚国家劳动力较多，成本较低，正好符合我国低端产业转移的要求。另外，从市场需求角度来看，这些国家存在着巨大的消费市场，中国的摩托车、家用电器、小型货车等产品在东南亚国家有着广泛的需求。此外，东南亚国家与中国文化背景相似，对这些国家投资，可以减少由于文化差异带来的障碍。

中国与非洲国家关系一向良好，非洲国家经济落后，但资源丰富，对中国的低端产品有着广泛的市场需求。当前，南非各个国家正处于经济高速发展时期，市场需求大，急需其他国家制造业、加工工业方面的投资。我国企业在对非洲国家进行投资时，要非常注意投资国的政治局势，避免当地政局不稳造成的风险和损失。

中东欧、俄罗斯等国家由于历史原因和经济发展战略不当，其产业结构偏重工业，轻工业发展落后，尤其是食品、纺织、家电等生活用品行业相对落后，市场对这类产品有强烈的需求。这些国家和地区基础设施良好、法律、市场环境相对完善，且与中国政府和社会组织和企业有着长期的交往和联系，应鼓励中国具有优势的轻工企业向当地投资。另外，拉丁美洲的巴西、委内瑞拉、阿根廷、智利、古巴等国家与中国的经贸关系良好，并且这些国家和地区也迫切需要外资的流入来促进当地经济发展。

四、以"一带一路"倡议为契机推动中国全球价值链升级

习主席于 2013 年提出了"一带一路"倡议。利用我国和周围邻国的良好关系，以及原先的经济合作基础，形成一个以"一带一路"沿线国家为主体的经济共同体，共享经济发展和科技进步的成果。"一带一路"连接欧洲和亚太，贯穿中亚、东南亚等地。沿线 60 多个国家和地区，大部分是新兴经济体，这些国家大部分基设比较落后，工业水平较低，迫切需要外资进入拉动当地经济发展，正好可以将中国过剩产业转移到这些国家和地区，既解决了中国产能过剩问题，又带动了当地经济发展。加之"一带一路"部分沿线国家有着丰富的自然和矿产资源，通过对这些国家的投资，可以缓解中国经济高速发展对能源的迫切需求。中国与"一带一路"周边沿线各国经济上的这种互补性，为中国对外直接投资的发展提供了千载难逢的好时机。可以从以下几方面着手：

（一）以基础设施为投资合作的重点

统筹我国和"一带一路"周边各国陆、海连通基设建设重点，加快跨

境基础设施建设的宏观规划与合理布局，抓紧建设缺失路段以及瓶颈路段，紧抓重要道路、重要节点、重点工程，尽快完成基础交通的建设。统筹规划与周边各国海、陆、空领域的基础设施联通。

重视和东南亚国家在能源基础设施方面的交流与合作。东南亚柬埔寨、印度尼西亚、文莱等国能源丰富，然而当地能源基础设施比较落后，导致能源开发能力弱，中国的电力、能源等企业可以走出国门，与当地企业开展风能、潮汐能等电力产业的投资。加快建设中巴经济走廊，重点建好海尔鲁巴经济区、信德工业园区、瓜德尔港等项目。加快建设孟中印缅经济走廊。加强与中东国家基础设施合作。中东国家的基础设施建设严重落后，中东的部分国家近几年要举办世界性的大赛和会议，中国正好利用这个契机，把我国钢铁、玻璃等过剩产能输出至中东，通过开展广泛的基础设施建设，增强双方的进一步交流和合作。

（二）引导优势产业和过剩产能有序转移

"一带一路"沿线国家经济发展水平落后，产业结构低级，制造业基础薄弱，所以迫切欢迎外来投资带动本国工业发展，这种需求恰好与我国转移过剩产能的愿望相匹配。可以利用这个机会，引导对外直接投资在"一带一路"沿线国家合理布局，优势互补，不但能够实现我国产业结构的进一步升级，同时还带动了"一带一路"沿线国家的经济发展。周边的发展中国家泰国、越南、柬埔寨、菲律宾等经济发展水平相对较慢，劳动力成本整体上低于中国沿海地区，可以考虑将中国东南沿海的一些劳动密集型产业转移到当地，解决中国制造行业成本过高的问题。印度尼西亚岛屿多、港口条件好，可以作为国内船舶制造业产能转移的优选地方。

可以通过在"一带一路"重要交通节点以及港口地区设立境外贸易合作区的方式，促进中国富余产能有序转移。重点考虑到哈萨克斯坦、乌兹别克斯坦、以色列、蒙古国等国家建设农业加工型园区，到老挝、越南、柬埔寨等国家建设加工制造型园区，到俄罗斯、哈萨克斯坦、土库曼斯坦等国家建设资源合作型园区，到波兰、匈牙利、爱沙尼亚等中东欧国家建设商贸物流园区。通过双边投资保护协定，保护投资国企业的利益，政府积极为园区内企业提供信息服务，促进园区内企业之间及不同经贸区之间的相互合作，使合作区真正成为"一带一路"周边沿线各国交流合作的载体。

（三）深化与沿线国家能源资源和农业合作

推动在中亚、俄罗斯、西亚等地区建设一批大型能源合作项目，加强与东北非、东南亚国家油气资源合作开发。中东各国有着丰富的矿产和能源，但是当地企业由于生产技术落后，在资源开采、加工方面非常落后，俄罗斯的石油、印度尼西亚的矿产资源、哈萨克斯坦的能源等，都迫切需要成熟的技术开采和加工，中国企业可以利用自身的技术优势到当地进行资源行业的投资，优势互补，既可以拉动当地经济发展，又能解决中国国内能源、矿产缺乏的问题。

农业方面，东南亚国家和地区农业资源丰富，印度尼西亚和马来西亚拥有丰富的橡胶资源和海洋渔业资源，柬埔寨拥有广泛的水稻种植基础，但是由于缺乏农业种植的技术和设备，导致当地农业发展程度较为落后。中国可以考虑同这些国家开展农业合作，利用中国成熟的农业种植技术，当地丰富的农业资源和良好的气候条件，培育质量较高的农作物，造福当地百姓同时也提升国内农产品质量。另外，还可以考虑与西亚国家开展节水灌溉技术与设备、旱作农业等领域的投资，解决当地缺水所导致的一系列农业问题。

第四节　对外直接投资的方式选择

一、总体原则

对外直接投资方式主要有两种：绿地投资和跨国并购，在现实运行中各有优势及不足。前者是指采用直接收购或兼并方法得到东道国公司所有权和经营管理权，将被收购公司的技术内部化并将其再次创新，提高投资公司的技术实力。后者则是在东道国新建企业或者 R&D 部门，通过购买东道国先进设备，聘用当地人才，在开发投资过程中吸收先进技术，再将其内部化为公司自己的创新力，提升投资公司的技术水平。中国的对外直接投资战略，要根据东道国的经济发展情况和市场状况，综合考虑不同投资方式，针对性地进行选择。

二、对发达国家直接投资的方式选择

发达国家企业往往拥有行业顶尖的技术，这也是中国企业技术获取型投资的主要目的，跨国并购方式可以使中国企业快速获取发达国家先进企业的高端要素，掌握产业领域前沿技术，加快企业人才的培养和成长，提高企业的国际竞争力。一般而言，发达国家有着完善的投资环境，政局稳定，法律体系较为完善，市场经济发达，拥有大量掌握世界最前沿技术和先进的管理经验的优秀企业，这些往往成为发展中经济体进入发达经济体，通过跨国并购实现 GVC 升级的有效途径。所以，中国对发达国家技术获取型投资应当采用跨国并购方式。然而，根据以往我国公司并购的经验，可能会出现发达国家法律管制和政府审核问题。

首先，中国对发达国家的并购会受到其法律管制。我国以前的一些并购活动主要分布于美国、欧洲、加拿大等地，这些国家的法律对于跨国并购有着严格的限制，如美国《1988 年综合贸易法案》，要求外国公司收购美国公司时，如果涉及危害国家安全的行为，必须向其专门机构进行申报，并经过美国政府审查。另外，对个别行业的并购行为也会受到并购国当地政府的限制，在美国的国防安全、通信设备、媒体传播这些行业，《反托拉斯法》明文规定不得予以跨国并购。其次，发达国家对于发展中国家的并购持排斥态度。尤其是来自中国企业的并购，审核更为严格。这一方面是由于中西方文化不同，导致西方国家对中国产生误解，另一方面，我国开展跨国并购的主体为国企，也会引起外国有关当局的担忧。

所以，中国公司在对发达国家并购时，要注意以上两个方面问题。并购之前，做好广泛的市场调查，搞好与当地政府的关系，减少并购中的障碍，实现并购双方企业的互利共赢。另外，与大型国有企业相比，民企跨国并购障碍相对较小，应鼓励和支持更多的民营企业走出国门，进行跨国并购。

三、对发展中国家直接投资的方式选择

发展中经济体的经济不发达，投资环境也不完善，也缺乏大型跨国企业，并购企业所需战略型资产比如技术、品牌等更少，所以跨国并购的机会很少。从这个层面看，对发展中国家的对外直接投资主要应以绿地投资方式为主。

绿地投资方式企业可以根据自身的经营战略，灵活地选择投资地区，自主确定合作对象和合作范围，拥有更多的自主权，还可以带动东道国产品出口。另外，绿地投资很少受到东道国政府的限制，也不会遭到当地民众的阻挠和反对，降低了投资过程中的政治风险。我国对发展中国家以及地区的投资目标是转移过剩产能和扩大市场规模。中国目前存在着大量的过剩产业和富余的生产能力，这些边际产业可以通过产业转移的方式进入这些发展中经济体，对企业而言，通过这种方式，既有效扩大了产品的市场规模，又使国内企业重新配置资源，实现产品高端化。

从东道国角度来看，绿地投资给东道国带来了资金、技术、就业等好处，通过利用外资，有效拉动本国经济增长，所以，对于这种投资，发展中国家政府持欢迎态度，并出台了大量优惠性政策，来吸引外商直接投资。中国企业正好可以抓住这个时机，通过在广大发展中国家和地区投资设厂，转移国内过剩的产业，实现国内要素的优化重组。

第五节　小结

本章在以上几章论述的基础上，构建了通过对外直接投资促进中国全球价值链升级的战略框架。主要从对外直接投资主体、投资产业、投资区

位及投资方式四个方面进行论述。在投资主体的选择上，一要加快培养一批中国本土的大型跨国公司；二要充分发挥中小型公司以及民企的作用；三要增强企业的科技创新能力。在战略选择时，产业选择需要特别关注以下三类：一是加快中国企业并购重要领域的战略资产；二是鼓励新兴产业进行 OFDI；三是加速国内过剩产能产业对外直接投资。区位选择要与产业选择相结合，并坚持多元化原则、就近原则和风险最小化原则，高端制造业的对外直接投资应选择市场经济发展完善的欧美各国。制造业低端 OFDI 首先应考虑发展中国家以及新兴市场国家。在进入方式上，对发达国家以并购为主，对广大经济水平相对较低的发展中国家，采取绿地投资更为适宜。除此之外，要以"一带一路"倡议为契机，大力加强同其周边沿线各国与地区的合作，深化双方在能源、基础设施以及农业方面的互利合作，利用 OFDI 方式，转移我国过剩产能，实现国内生产要素的更合理配置，从而加快我国企业 GVC 升级的步伐。

第八章 结论和研究展望

一、结论

本书以中国 OFDI 促进全球价值链升级和国际分工地位提升为研究主线，从理论层面阐明了我国 OFDI 促进全球价值链升级的微观机理，并基于 WTO 与 OECD 基于各国投入产出表发布的 TiVA 数据库，选取其中的 22 个发展中国家作为样本，实证检验了 OFDI 促进国际分工地位提升的理论假说。通过理论研究及实证检验，本书主要的研究结论为：

1. 我国制造业参与国际分工的程度很高，但在其中被"低端锁定"。就制造业内部分部门而言，高技术行业 GVC 分工地位最低，低技术行业最高，形成了我国制造业各部门技术水平与其 GVC 分工地位的"错配"现象。

2. 在全球价值链分工体系中，作为具有后发优势的发展中大国，中国可以通过对外直接投资方式，采取全球价值链低端升级，全球价值链两端升级和全球价值链链条间升级三种升级模式，实现全球价值链升级，提高国际分工地位。

二、启示与政策建议

与发达国家相比，中国 OFDI 实践还处于初期，在资金、信息、投资环境等方面还存在不完善的地方，制约着企业"走出去"的步伐。为了实现我国全球价值链升级和国际分工地位的提高，我国企业应该通过对外直接投资活动，主动走出去，积极获取先进技术，扩大海外市场，与发达国家共享国际分工利益，实现价值链环节的不断攀升。政府要完善相关政策以及配套措施，支持企业向发达国家的高新产业投资。同时在资金、税收、信息及市场环境方面给予相应的支持和引导，获取参与国际分工的最大收益。最后要构建国家科技创新体系，实现获取技术的国内消化、吸收以及再创新，提高公司的技术水平以及增强其自主创新能力。

（一）政府措施

具体来说，从政府层面，要从以下几点做起：

1. 将技术寻求型对外直接投资作为政府扶持的重点

改变传统的对外直接投资方式，把技术寻求型对外直接投资当作重点扶持对象，对国内高科技企业向欧美发达国家的投资，在税收、资金、信息等方面给予相关的优惠政策。在支持大型国有企业"走出去"的同时，关注具有发展前景的民营企业和中小企业，支持不同所有制投资主体的企业技术寻求型对外直接投资，进行统一规划，提高公司科技进步的速度以及构建创新型国家。

2. 鼓励新兴经济领域对外直接投资

我国应逐步推动对外直接投资结构由全球价值链低端向中高端的延伸，加快知识和技术密集型产业的对外投资，改变目前以资源开发和低端制造为主要投资领域的做法。基于新兴行业的需求建立创新研发体系，加大科研方面的投入，提高科研水平，为生物技术，新能源和环保等多个产业的发展提供支持，同时，借助网络和大数据平台，推动行业发展向智能化和信息化转型。与发达国家跨国企业高起点合作，更多地嵌入"微笑曲线"两端环节。

3. 建立和完善国家科技创新体系

为了最大化地利用国外资源，增强本国技术实力，投资国应增加研发投入、建立自主创新体系。政府要继续优化国内科学技术创新体系，坚持创新、服务发展。以推动经济发展为目的，加大研发层面的投入，提高企业的科研水平和核心竞争力，帮助企业实现产业升级。整合各方资源，打造以市场需求为核心的研发体系，同时，政府应制定相应的奖励机制和管理制度，鼓励企业技术创新。

4. 尽快推进综合改革措施

抓紧改革境外投资审批管理体制，推进境外投资便利化，实行负面清单管理方式，在对外直接投资管理体制改革的制度设计中，应坚持发挥市场机制决定性作用的原则。加强立法和制度建设，制定相应的法律规范，科学制定战略规划，建设引导对外直接投资的政策和服务体系。推进 OFDI 公共服务平台建设，提高平台的服务质量与效率，定期发布投资合作业务指南、国别投资环境评估报告以及投资合作产业导向目录，加强对企业的信息服务。积极推进双边投资协定以及自贸区谈判等国际谈判，把握好对外直接投资以及人民币国际化之间的相互配合。

5. 打造全球知名的跨国企业和品牌

跨国企业是 GVC 的主导者与治理者，全世界知名品牌则是一个国家产业国际竞争力的关键标志。我国要实现由经贸大国向经贸强国、由"中国制造"向"中国创造"的转变，提高国际地位，必须打造全球知名的跨国公司以及享誉全球的民族品牌。帮助本土企业走出国门，使其真正成为具有创新能力与国际竞争力的全球市场主体，培养一批可以主导 GVC，具备资源整合力与控制力的国际一流企业，提高我国整体的经济实力和国际影响力。

（二）企业措施

企业在走出国门，打开海外市场的同时，应多学习国外先进的技术，以提高自身的技术水平和整体竞争力，同时平衡好海外技术获取和自主创新间的关系，相辅相成，做到二者间的高效融合。

1. 积极嵌入海外网络

提前熟悉与掌握投资地的经济、法律等，做好准备和当地公司、政府以及各种中介机构加强合作。探索新型合作方式，加快和当地高新企业的合作，以求更快融入当地市场中，形成一条完整的价值链，实现公司对前沿技术的获取与市场规模的扩大。加大与当地政府和各类中介机构的合作。把握投资地经济政策和投资方向，与当地政府做好公关，以期更好地利用优惠政策和获得政府支持。熟悉和了解投资地各类金融机构和风险投资机构，利用各种渠道增加公司融资机会，增强其融资能力。争取成为东道国行业协会成员，利用行业协会平台，拓宽信息和交流渠道，建立与当地企业更紧密的商业关系。加强与当地大学和科研机构的交流和合作，共同开发新产品，进行科学研究，实现前沿技术的商业化运作。适当雇佣当地人才，尤其是高层管理和科研人员，实现技术资源国际间的传递和互惠。

2. 增强企业吸收能力

第一，提高人力资本素质，完善用人机制。吸引投资地优秀人才加入本公司，使公司员工培训制度化，促进老员工和新进员工之间的交流，通过不断培训、交流，提升公司人力资本素质；实施报酬奖励政策，激励员工最大化调动和发挥自身工作潜能，尽最大努力为企业服务。第二，建立开放式的组织学习机制。加大公司和外部的信息交流，在公司内部对知识的解释、分享、转化和利用的基础上，善于利用外部知识源，促进公司吸收能力的提高。第三，培育动态的吸收能力。把持续学习作为企业的一种惯例，并予以制度化，建立知识和技术的螺旋式学习，对技术的获取、消化、创新的过程循环往复，不断上升。

3. 妥善处理技术海外获取与自主创新之间的关系

当今世界，科技实力代表着一国的经济实力和国际竞争力。企业间的竞争也由传统的价格和数量竞争转向技术、品牌、创新能力的竞争，企业发展和国家综合实力的提升，都离不开技术创新。要改变我国企业重技术获取，轻消化吸收的现状，提高企业的技术吸收能力，通过对获取技术的吸收和优化以及产品升级，过渡到公司的自主创新，做到通过双边投资保护协定真正提升公司的自主创新力。

总之，简单的技术"拿来主义"不能实现企业技术水平的提高，只有将外来技术消化、吸收，真正转化为企业自身的技术，才能实现企业整体技术实力的提升，同时，企业还要加强自身自主创新能力培养，只有这样，才能摆脱对发达国家的技术依赖，实现中国企业 GVC 升级，迈向 GVC 高端环节，并最终成为价值链的主导者以及治理者。

三、本书不足之处和研究展望

对外直接投资促进全球价值链升级是一个比较新的研究课题，研究内容庞杂，涉及国际经济学、管理学、发展经济学等多个领域，其中涉及的因素纷繁复杂。学界目前对双边投资保护协定的研究多是站在发达国家视角，将发展中国家的此类行为看作一种拾遗补缺。由于研究内容较为庞杂以及资料相对匮乏，本书的写作面临较多困难。受数据可得性、实证方法和理论水平所限，本书仍存在以下不足之处，今后尚需不断完善和修正。

第一，本书利用 TiVA 数据库对以我国为代表的 22 个发展中国家的对外直接投资和全球价值链升级的关系进行了实证分析，但是由于受到数据来源及个人计量水平问题，尚停留在表面、肤浅的探讨，相关计量分析单薄，对于对外直接投资的产业选择、进入模式等因素没能进行针对性的计量检验，如何进行更细化的实证检验是今后研究的方向之一。

第二，在 GVC 环境下，探究 OFDI 对中国 GVC 升级产生的积极影响，本书采用案例研究方法研究了两种价值链驱动力类型的公司通过 OFDI 实现 GVC 提升的具体方法与途径，在分析深度上略有不足。今后随着对外直接投资企业层面数据的日益完善，可以从更加微观的视角进行更进一步的详细分析。

第三，本书主要是从中国主动嵌入全球价值链，在发达国家作为主导者和领导者的全球价值链中实现升级和分工地位的提升，但是，由于中国国内市场的多样性和经济的快速发展，可以考虑从主动构建 GVC 视角进行研究。现实情况是市场需求可以拉动企业的创新，消费者需求的不同会迫使公司不断进行产品研发及创新。所以，应该充分研究国内市场与对 GVC 升级的影响，从主动建立 GVC 方面研究 GVC 升级是今后的一个研究方向。

第四，受本人学识所限，本书只是综合论述了对外直接投资对我国全球价值链升级的促进作用，事实上，中国企业投资到不同类型国家对我国攀升全球价值链，具有不同的影响，应该分国别和地区进行分析和论证更为科学和具有针对性，尤其在当前大力提倡对"一带一路"沿线国家和地区的对外直接投资的背景下，对"一带一路"沿线国家和地区的投资能否对我国国际分工地位提升同样起到正向促进作用，这都需要进一步地分析和实证检验。所以，分国别和地区进行研究 OFDI 对 GVC 升级的影响也是今后进一步研究的方向。

参 考 文 献

［1］北京大学中国经济研究中心课题组．中国出口贸易中的垂直专门化与中美贸易［J］．世界经济，2006：3 – 11．

［2］彼得·迪肯．全球性转变——重塑21世纪的全球经济地图［J］．刘卫东等译，商务印书馆，2007．

［3］岑丽君．中国在全球生产网络中的分工与贸易地位——基于TiVA数据与GVC指数的研究［J］．国际贸易问题，2015（1）：3 – 13．

［4］查日升．中国参与全球经济治理模式研究——基于全球价值链治理视角［J］．宏观经济管理，2015（5）：9 – 17．

［5］陈健．价值链国际分工与我国制造业部门研发知识外溢［J］．国际经贸探索，2013（2）：9 – 17．

［6］陈仲常、马红旗、绍玲．影响我国高技术产业全球价值链升级的因素［J］．上海财经大学学报，2012（2）．

［7］戴翔．中国出口技术复杂度变迁的研究综述［J］．云南财经大学学报，2011（4）：27 – 32．

［8］戴翔．中国出口贸易利益究竟有多大——基于附加值贸易的估算［J］．当代经济科学，2015（5）：80 – 88．

［9］戴翔．中国攀升全球价值链［J］．人民出版社，2016．

［10］戴翔．中国制成品出口技术含量升级的经济效益——基于省际面板数据的实证分析［J］．经济学家，2010（10）：77 – 83．

［11］戴翔、李洲．全球价值链下中国制造业国际竞争力再评估——基于

Koopman 分工地位指数的研究 [J]. 上海经济研究, 2017 (8): 89 - 100.

[12] 戴翔. 走出去如何影响中国制造业攀升全球价值链 [J]. 西安交通大学学报, 2018 (3): 11 - 19.

[13] 道格拉斯·诺斯. 西方世界的兴起 [J]. 厉以平、蔡磊译, 华夏出版社, 1999.

[14] 杜大伟. 全球价值链发展报告 (2017) ——全球价值链对经济发展的影响: 测度与分析 [J]. 社会科学文献出版社, 2018.

[15] 符雷、李占国. 关于 OFDI 逆向技术溢出的文献述评 [J]. 国际经贸探索, 2013 (9): 70 - 90.

[16] 葛阳琴、谢建国. 知识产权保护、技术创新与技术转移——基于全球价值链分工的视角 [J]. 2015 (3): 86 - 97.

[17] 顾振华、沈瑶. 知识产权保护、技术创新与技术转移——基于全球价值链分工的视角 [J]. 国际贸易问题, 2015 (3): 67 - 80.

[18] 顾振华、沈瑶. 全球化还是区域化——中国制造业全球价值链分工及演变 [J]. 国际经贸探索, 2017 (1): 17 - 30.

[19] 郭凌威、卢进勇、郭思文. 改革开放四十年中国对外直接投资回顾与展望 [J]. 亚太经济, 2018 (4): 111 - 121.

[20] 赫尔曼·西蒙. 隐形冠军: 未来全球化的先锋 [J]. 张帆、吴君、刘惠宇、刘银远译, 机械工业出版社, 2015.

[21] 华为技术有限公司官方网站: http://www.huawei.com/cn/.

[22] 黄梅波、李泽政. 中国对外直接投资 40 年: 动因及模式 [J]. 东南学术, 2018 (4): 80 - 92.

[23] 黄锦明. 技术获取型对外直接投资提升全球价值链分工位次的作用机制与中国对策——以中国企业华为为例 [J]. 现代经济探讨, 2016 (4): 54 - 58.

[24] 黄先海、杨高举. 中国高技术产业的国际分工地位研究——竞争型投入占用产出模型的跨国分析 [J]. 世界经济, 2010 (5): 82 - 100.

［25］黄永明、张文洁. 中国出口复杂度的测度与影响因素分析［J］. 世界经济研究，2011（12）：59 - 86.

［26］黄颖. 中国企业技术获取型 FDI 的问题及其对策［J］. 对外经贸实务，2011（2）.

［27］蒋冠宏. 我国企业技术获取型海外投资的实践与战略发展研究［J］. 企业管理，2011（9）：165 - 168.

［28］金碚等. 全球竞争格局变化与中国产业发展［J］. 经济管理出版社，2013.

［29］阚放. 推进中国在全球价值链分工中地位升级的路径研究——基于 OFDI 的角度［J］. 辽宁大学博士学位论文，2016.

［30］黎峰. 全球价值链下的国际分工地位：内涵及影响因素［J］. 国际经贸探索，2015（9）：31 - 42.

［31］李东阳、朱梅. 中国战略性新兴产业全球价值链布局研究［J］. 中国管理信息化，2018（12）：31 - 42.

［32］李超、张诚. 中国对外直接投资与制造业全球价值链升级［J］. 经济问题探索，2017（11）：114 - 126.

［33］李逢春. 对外直接投资的母国产业升级效应——来自中国省际面板的实证研究［J］. 国际贸易问题，2012（6）：124 - 134.

［34］李静. 中国在全球价值链中的分工地位及提升路径研究——基于 Ti-VA 数据的实证研究［J］. 重庆工商大学硕士学位论文，2018.

［35］李俊久，蔡琬琳. 对外直接投资与中国全球价值链分工地位升级：基于"一带一路"的视角［J］. 四川大学学报（哲学社会科学版），2018（4）：157 - 168.

［36］梁中云. 对外直接投资对母国全球价值链地位的影响——以中国制造业为例［J］. 山东大学硕士学位论文，2017.

［37］林桂军. 夯实外贸发展的产业基础向全球价值链高端攀升［J］. 国际贸易问题，2016（11）：3 - 11.

［38］刘斌、王杰、魏倩. 对外直接投资与价值链参与：分工地位与升级

模式 [J]. 数量经济技术经济研究, 2015 (12).

[39] 刘海云, 唐玲. 海尔集团在海外实施本土化战略的做法与启示 [J]. 对外经贸实务, 2017 (5): 21 – 24.

[40] 刘海云、毛海欧. 国家国际分工地位及其影响因素——基于 "GVC 地位指数" 的实证分析 [J]. 国际经贸探索, 2015 (8): 44 – 53.

[41] 刘海云、张文洁. 中国出口复杂度的测度与影响因素分析 [J]. 世界经济研究, 2011 (12): 59 – 86.

[42] 刘戒娇. 生产分割与制造业国际分工——以苹果、波音和英特尔为案例的分析 [J]. 中国工业经济, 2011 (4): 148 – 157.

[43] 刘伟全、张宏. FDI 行业间技术溢出效应的实证检验——基于全球价值链的视角 [J]. 世界经济研究, 2008 (10): 56 – 62.

[44] 刘伟全. 我国对外直接投资国内技术进步效应的实证检验——基于研发费用和专利授权数据的检验 [J]. 当代财经, 2010 (5): 101 – 106.

[45] 刘伟全. 中国 OFDI 逆向技术溢出与国内技术进步研究——基于全球价值链视角 [J]. 经济科学出版社, 2011.

[46] 刘欣. 华为自主品牌产品走向世界市场的国际化战略及实施路径 [J]. 对外经贸实务, 2016 (8): 22 – 25.

[47] 刘雪娇. GVC 格局、ODI 逆向技术溢出与制造业升级路径研究 [J]. 对外经济贸易大学博士学位论文, 2017.

[48] 刘志彪. 垂直专业化: 经济全球化中的贸易和生产模式 [J]. 经济理论与经济管理, 2001 (10): 5 – 10.

[49] 刘志彪. 全球价值链中我国外向型经济战略的提升——以长三角为例 [J]. 中国经济问题, 2007 (1): 9 – 17.

[50] 刘志彪. 中国贸易量增长与本土产业的升级——基于全球价值链的治理视角 [J]. 学术月刊, 2007 (2): 80 – 86.

[51] 刘志彪等. 全球代工体系下发展中国家俘获型网络的形成、突破与对策 [J]. 中国工业经济, 2007 (5): 39 – 47.

[52] 刘重力、赵颖. 东亚区域在全球价值链分工中的依赖关系——基于

TiVA 数据的实证分析 ［J］. 南开经济研究, 2014 (5): 115 – 129.

［53］卢峰. 产品内分工 ［J］. 经济学季刊, 2004 (1): 55 – 82.

［54］卢进勇."走出去"战略与中国跨国公司崛起——迈向经济强国的必由之路 ［J］. 首都经济贸易大学出版社, 2012.

［55］毛蕴诗, 吴瑶. 中国企业: 转型升级 ［J］. 中山大学出版社, 2010.

［56］聂聆. 全球价值链分工地位的研究进展及评述 ［J］. 中南财经政法大学, 2016 (6): 102 – 112.

［57］聂名华. 中国制造业在全球价值链中的地位与升级方略 ［J］. 东南学术, 2017 (2): 127 – 134.

［58］平新乔. 市场换来了技术吗? ［J］. 国际经济评论, 2007 (5): 33 – 37.

［59］乔小勇、王耕、李泽怡. 全球价值链国内外研究回顾——基于 SCI/SS-CI/CSSCI 文献的分析 ［J］. 亚太经济, 2017 (1): 116 – 125.

［60］秦升. 全球价值链治理理论: 回顾与展望 ［J］. 国外理论动态, 2014 (12): 14 – 21.

［61］沈丹阳、彭敬. 全球价值链发展新趋势下推进中国全球价值链研究的若干思考 ［J］. 全球化, 2014 (12): 28 – 36.

［62］陶锋. 国际知识溢出、社会资本与代工制造业技术创新——基于全球价值链外包体系的视角 ［J］. 财贸经济, 2011 (7).

［63］汤碧. 中国高技术产业价值链地位的测度和影响因素分析 ［J］. 经济学动态, 2012 (10).

［64］汪春雨、胡海晨、郑学党. 入世 15 年中国对外直接投资演变研究 ［J］. 新疆社会科学, 2018 (4): 39 – 45.

［65］王奉贤. 我国双向 FDI 对价值链升级的影响机理与实证研究 ［J］. 浙江财经大学博士学位论文, 2016.

［66］王谦. 中国企业技术获取型跨国并购研究 ［J］. 经济科学出版社, 2010.

［67］王涛、赵晶、姜伟. 中国制造业在全球价值链分工中的地位研究

[J]. 科技管理研究, 2017 (19): 129 - 138.

[68] 王志乐. 全球公司——跨国公司发展新阶段 [J]. 上海人民出版社, 2014.

[69] 王子先. 世界经济进入全球价值链时代, 中国对外开放面临新选择 [J]. 全球化, 2014 (7): 61 - 71.

[70] 王子先. 中国参与全球价值链的新一轮开放战略 [J]. 经济管理出版社, 2014.

[71] 熊琦. 东盟国家在全球生产网络中的分工与地位——基于 TiVA 数据与全球价值链指数的实证分析 [J]. 亚太经济, 2016 (5): 51 - 56.

[72] 威尔斯. 第三世界跨国企业 [J]. 叶刚、杨宇光译, 上海翻译出版公司, 1986.

[73] 文嫣. 嵌入全球价值链的地方产业集群发展——地方建筑陶瓷产业集群研究 [J]. 中国工业经济, 2004 (6): 36 - 42.

[74] 小岛清. 对外贸易论 [J]. 周宝廉译, 南开大学出版社, 1987.

[75] 杨连星、刘晓光. 中国 OFDI 逆向技术溢出与出口技术复杂度提升 [J]. 财贸经济, 2016 (6).

[76] 杨丹辉. 从工业贸易大国走向贸易强国 [J]. 经济管理出版社, 2014.

[77] 杨锐, 刘志彪. 新一轮高水平对外开放背景下中国企业技术能力升级框架与思路 [J]. 世界经济与政治论坛, 2015 (7): 141 - 159.

[78] 于津平, 邓娟. 处置专业化、出口技术含量与全球价值链分工地位 [J]. 世界经济与政治论坛, 2014 (2): 44 - 62.

[79] 袁然. 技术寻求型 OFDI 促进中国全球价值链升级的理论和实证研究 [J]. 北方工业大学硕士学位论文, 2016.

[80] 张国胜. 中国对外直接投资战略与政策研究 [J]. 经济科学出版社, 2015.

[81] 张海波、俞佳根. 对外直接投资对母国的逆向技术溢出效应 [J]. 财经论丛, 2012 (1): 14 - 20.

[82] 张杰、陈志远、刘元春. 中国出口国内附加值的测算与变化机制 [J]. 经济研究, 2013 (10): 124-137.

[83] 张杰、张少军、刘志彪. 多维技术溢出效应、本土企业创新动力与产业升级的路径选择——基于中国地方产业集群形态的研究 [J]. 南开经济研究, 2007 (3): 47-67.

[84] 张二震. 中国如何攀升全球价值链——兼评《中国攀升全球价值链: 实现机制与战略调整》[J]. 江海学刊, 2017 (1): 230-233.

[85] 张小蒂、孙景蔚. 基于垂直专业化分工的中国产业竞争力分析 [J]. 世界经济, 2006 (5): 12-21.

[86] 张小蒂. 论全球价值链中我国企业创新与市场势力构建的良性互动 [J]. 中国工业经济, 2007 (5): 31-38.

[87] 张幼文. 新开放观——对外开放理论与战略再探索 [J]. 人民出版社, 2007.

[88] 赵瑾. 全面认识全球价值链的十大特点及其政策含义 [J]. 国际贸易, 2014 (12): 20-28.

[89] 周春应. 对外直接投资逆向技术溢出效应吸收能力研究 [J]. 山西财经大学学报, 2009 (8): 47-53.

[90] ADB (Asian Development Bank). Inter-Country Input-Output Tables (database). Mandaluyong, Philippines: ADB.

——. Multi-Regional Input-Output (MRIO) Tables (database). Mandaluyong, Philippines: ADB. Available at: http://www.wiod.org/otherdb#ADB.

[91] Ahmad, N., S. Araujo, A. Lo Turco, and D. Maggioni. 2013. "Using Trade Microdata to Improve Trade in Value-Added Measures: Proof of Concept Using Turkish Data." In Trade in Value Added: Developing New Measures of Cross-Border Trade, edited by A. Mattoo, Z. Wang, and S-J. Wei, 187-219. Washington, DC: World Bank.

[92] Alfaro, L., and M. Chen. 2017. "Transportation Cost and the Geogra-

phy of Foreign Investment. " In Handbook of International Trade and Transportation, edited by B. Blonigen and W. Wilson. Cheltenham, U. K. : EdwardElgar Publishing.

[93] Alfaro, L. , P. Antras, D. Chor, and P. Conconi. 2015. "Internalizing Global Value Chains: A Firm – Level Analysis. " National Bureau of Economic Research (NBER) Working Paper No. 21582, NBER, Cambridge, MA.

[94] Anderson, J. , and E. van Wincoop. 2004. "Trade Costs. " National Bureau of Economic Research (NBER) Working Paper No. 10480, NBER, Cambridge, MA.

[95] Antràs, P. 2003. "Firms, Contracts, and Trade Structure. " Quarterly Journal of Economics 118 (4): 1375 – 1418.

[96] Antràs, P. , and D. Chor. 2013. "Organizing the Global Value Chain. " Econometrica81 (6): 2127 – 204.

[97] Antràs, P. , D. Chor, T. Fally, and R. Hillberry. 2012. "Measuring the Upstreamness of Production and Trade Flows. " American Economic Review: Papers & Proceedings 102 (3): pp. 412 – 16.

[98] Antràs, P. , and E. Helpman. 2004. "Global Sourcing. " Journal of Political Economy 112 (3): pp. 552 – 80.

[99] Antràs, P. , Chor, D, "Organizing the Global Value Chain" Econometrica, 81 (6), 2013, pp. 2127 – 2204.

[100] Bair, J. 2008. "Analysing Global Economic Organization: Embedded Networksand Global Chains Compared. " Economy and Society 37 (3): 339 – 64.

[101] Bair J, Gereffi G. , "Local Clusters in Global Chains: The Causes and Consequences of Export dynamism in Torreon's Blue Jeans Industry", 29 (11), 2001, pp. 1885 – 1903.

[102] Baldwin, R. , and A. Venables. 2010. "Spiders and Snakes: Offsho-

ring and Agglomeration in the Global Economy. " NBER Working Paper No. 16611, NBER, Cambridge, MA.

[103] Baldwin, R., and D. Taglioni. 2011. "Gravity Chains: Estimating Bilateral Trade Flows When Parts and Components Trade is Important. " NBERWorking Paper No. 16672, NBER, Cambridge, MA.

[104] Baldwin, R., and J. Lopez – Gonzalez. 2013. "Supply – Chain Trade: A Portraitof Global Patterns and Several Testable Hypotheses. " National Bureauof Economic Research (NBER) Working Paper No. 18957, NBER, Cambridge, MA.

[105] Baldwin, R., T. Ito, and H. Sato. 2014. The Smile Curve: Evolving Sources of Value Added in Manufacturing. Joint Research Program Series. Chiba City, Japan: Institute of Developing Economies – Japan External Trade Organization.

[106] Baldwin, R., R. Forslid, and T. Ito. 2016. "Unveiling the Evolving Sourcesof Value Added in Exports. " Joint Research Program Series No. 161, Institute of Developing Economies – Japan External Trade Organization (IDE – JETRO), Chiba City, Japan.

[107] Bas, M., and V. Strauss – Kahn. 2014. "Does Importing More Inputs Raise Exports? Firm – Level Evidence from France. " Review of World Economics150 (2): 241 – 75.

[108] Bazan, L., Navas – Aleman, L. "The Underground Revolution in Sinos Valley: A Comparison of Upgrading in Global and National Value Chains", Edward Edgar Publishing Ltd, 2004, pp. 110 – 139.

[109] Beverelli, C., R. B. Koopman, V. Kummritz, and S. Neumueller. 2017. "Domestic Value Chains as Stepping Stones to Global Value Chain Integration. " CTEI Working Paper No. 2017 – 04. Center for Trade and EconomicIntegration, Graduate Institute, Geneva.

[110] Bems, R., and R. Johnson. 2012. "Value – Added Exchange Rates. "

NBER Working Paper No. 18498, NBER, Cambridge, MA.

[111] Bernard, A. B., and J. B. Jensen. 1995. "Exporters, Jobs, and Wages in U. S. Manufacturing, 1976 – 1987." Brookings Papers on Economic Activity, Microeconomics Vol. 1995 (pp. 67 – 119), Washington, DC.

[112] Bernard, A. B., J. B. Jensen, S. J. Redding, and P. K. Schott. 2010. "Intrafirm Trade and Product Contractibility." American Economic Review: Papers& Proceedings 100 (2): 444 –48.

[113] Blinder, A. 2009. "How Many U. S. Jobs Might Be Offshorable?" World Economics10 (2): 41 –78.

[114] Blyde, J. S., ed. 2014. Synchronized Factories: Latin America and the Caribbeanin the Era of Global Value Chains. New York: Springer.

[115] Borchert, I., B. Gootiiz, and A. Mattoo. 2014. "Policy Barriers to International Trade in Services: Evidence from a New Database." The WorldBank Economic Review 28 (1): 162 –88.

[116] Buckley、Casson、Rugman: "The Future of the Multinational Enterprise in retrospect and in prospect", Journal of International Business Studies, 34 (2), 2003, pp. 219 –222.

[117] Buckleyet al, "The Determinants of Chinese Outward Foreign Direct Investment, Journal of International Business Studies, Vol. (38), 2007, pp. 499 –518.

[118] Campa, J., and L. Goldberg. 1997. "The Evolving External Orientation of Manufacturing Industries: Evidence from Four Countries." NBER Working Paper No. 5919, NBER, Cambridge, MA.

[119] Carvalho, V. M. 2012. Input – Output Networks: A Survey. A report for the European Commission (EC) under the Complexity Research Initiative for Systemic Instabilities consortium agreement. Brussels: EC.

[120] Ceglowski, J., S. Golub, A. Mbaye, and V. Prasad. 2015. "Can Af-

rica Competewith China in Manufacturing? The Role of Relative Unit LaborCosts. " Working Paper 201504, Development Policy Research U-nit, University of Cape Town, Cape Town, South Africa.

[121] Cherubini, L. , and B. Los. 2013. "Regional Employment Patterns in a Globalizing World: A Tale of Four Italies. " Paper presented at the Bank ofItaly workshop, "Global Value Chains: New Evidence and Implications," Rome, June 22.

[122] Chen, K. M. , S. F. "Impact of Outward Foreign Direct Investment on Domestic R&D Activity: Evidence from Taiwan's Multinational Enterprises in Low - wage Countries", Asian Economic, 27 (1), 2013, pp. 17 - 38.

[123] Coase, R. 1937. "The Nature of the Firm. " Economica 4 (16): 386 - 405.

[124] Daudin, G. , Christine, R. , Daniele, S. , "Who produce for whom in the World Economy?" Economics, 44 (4), 2011, pp. 1403 - 1437.

[125] Deardorff, A. V. 2001. "Fragmentation in Simple Trade Models. " North American Journal of Economics and Finance 12 (2): 121 - 37.

[126] Dean, J. M. , Fung, K. C. , Wang, Z. , "Measuring Vertical Specialization: Case of China", Review of the International Economics, 19 (4), 2002, pp. 609 - 625.

[127] De Backer, K. , and S. Miroudot. 2012. "Mapping Global Value Chains. " Working Paper Series No. 1677, European Central Bank, Frankfurt.

[128] Dedrick, J. , K. Kraemer, and G. Linden. 2008. Who Profits from Innovationin Global Value Chains? A Study of the iPod and notebook PCs. Reportprepared for the Sloan Industry Studies Annual Conference, Boston, May 1 - 2.

[129] De La Cruz, J. , R. B. Koopman, Z. Wang, and S. J. Wei. 2011. "Estimating Foreign Value - Added in Mexico's Manufacturing Exports. "

Office of Economics Working Paper, 2011 – 04A, U. S. International Trade Commission, Washington, DC.

[130] Diakantoni, A. , H. Escaith, M. Roberts, and T. Verbeet. 2017. "Accumulating Trade Costs and Competitiveness in Global Value Chains. " World Trade Organization (WTO) Working Paper Economic Research and Statistics Division (ERSD) 2017 – 2, WTO, Geneva.

[131] Dietzenbacher, E. , and I. Romero. 2007. "Production Chains in an Interregional Framework: Identification by Means of Average Propagation-Lengths. " International Regional Science Review 30 (4): 362 – 83.

[132] Dietzenbacher, E. , and A. Tukker. 2013. "Global Multiregional Input – OutputFrameworks: An Introduction and Outlook. " Economic SystemsResearch 25 (1): 1 – 19.

[133] Dietzenbacher, E. , and I. Romero. 2007. "Production Chains in an Interregional Framework: Identification by Means of Average Propagation-Lengths. " International Regional Science Review 30 (4): 362 – 83.

[134] Dietzenbacher, E. , I. Romero, and N. S. Bosma. 2005. "Using Average Propagation Lengths to Identify Production Chains in the Andalusian-Economy. " Estudios de Economia Aplicada 23 (2): 405 – 22.

[135] Dietzenbacher, E. , J. Guilhoto, and D. Imori. 2013. "The Role of Brazilian Regions in the Global Value Chain. " School of Economics, Businessand Accounting Working Paper 2013 – 15, University of São Paulo, São Paulo.

[136] Duval, Y. , A. Saggu, and C. Utoktham. 2015. "Value Added Trade Costs inGoods and Services. " United Nations Economic and Social Commissionfor Asia and the Pacific (ESCAP) Trade and Investment Working Paper 01, ESCAP, Bangkok.

[137] Dunning, "Explaining Outward Direct Investment of Developing Countries: In Support of the Eclectic Theory of International Production",

Multinationals from Developing Countries. Lexington, Mass: D. C. Heath and Company, 1981.

[138] Dunning, "Trade, Location of EconomicActivity and the MNE: A Search for an Eclectic Approach", International allocation of Economic Activity. London: Macmillan, 1997.

[139] EC (European Commission) . 2013. World Input – Output Database. Brussels: EC. Available at: http: //www. wiod. org/release13.

[140] Ernst, D, "Globalization and the changing geography of innovation systems", paper presented at the Workshop on the Political Economy of Technology in Developing Countries. Brighton, 1999.

[141] Ernst, D. and L. Kim, "Global production networks, knowledge diffusion, and local capability formation", Research Policy 31 (8), 2002, pp. 1417 – 1429.

[142] Escaith, H. 2014. "Mapping Global Value Chains and Measuring Trade in Tasks. " In Asia and Global Production Networks: Implications for Trade, Incomes and Economic Vulnerability, edited by B. Ferrarini and D. Hummels, 287 – 337. Mandaluyong, Philippines and Cheltenham, U. K. : Asian Development Bank and Edwards Elgar Publishing.

[143] Escaith, H. , and S. Inomata. 2013. "Geometry of Global Value Chains in East Asia: The Role of Industrial Networks and Trade Policies. " In Global Value Chains in a Changing World, edited by D. Elms and P. Low, 135 – 57. Geneva: World Trade Organization.

[144] Fally, T. 2011. On the Fragmentation of Production in the US. Boulder, CO: University of Colorado – Boulder.

[145] Feenstra, R. C. , and G. H. Hanson. 1996a. "Foreign Investment, Outsourcing, and Relative Wages. " In The Political Economy of Trade Policy: Papers in Honor of Jagdish Bhagwati, edited by R. C. Feenstra, G. M. Grossman, and D. A. Irwin, 89 – 127. Cambridge, MA: Massa-

chusettsInstitute of Technology (MIT) Press.

[146] Feenstra, R. C., "Integration of trade and disintegration of production in the global economy", The Journal of Economic Perspectives 12 (4), 1998, pp. 31 – 50.

[147] Fetzer, J. J., and E. H. Strassner. 2015. "Identifying Heterogeneity in the Production Components of Globally Engaged Business Enterprises inthe United States. " Working Paper WP2015 – 13, Bureau of EconomicAnalysis, Washington, DC.

[148] Gereffi G., "International trade and industrial upgrading in the apparel commodity chain", Journal of international economics, Vol. 6, 1996, pp. 14 – 16.

[149] Gereffi, G., "Global Production Systems and Third World Development", Cambridge University Press, 1995.

[150] Gereffi, G., and R. Kaplinsky, eds. 2001. The Value of Value Chains: Spreadingthe Gains from Globalisation. Special issue of the Institute of Development Studies Bulletin (IDS) Bulletin. Brighton, U. K. : IDS.

[151] Gereffi, G., "The global economy: organization, governance, and development" . The handbook of economic sociology 2, 2005, pp. 160 – 182.

[152] Gereffi, G., "The organization of buyer – driven global commodity chains: how US retailers shape overseas production networks", Contributions in Economics and Economic History, 1994, pp. 95 – 122.

[153] Gereffi, G., J. Humphrey, et al., "Introduction: Globalization, value chains and development", IDS bulletin, 32 (3), 2001, pp. 1 – 8.

[154] Gereffi, G., Korzeniewicz, M., et al., "Commodity Chains and Industrial Restructuring in the Pacific Rim: Garment Trade and Manufacturing", Commodity Chains & Global Capitalism, Praeger: Westport CT, 1994.

[155] Gereffi, G. , Lynn, H. , "Latin America in the Global Economy: Running Faster to Stay in Place", Nacla Report on the Americas, 29 (4), 1996, pp. 18 – 27.

[156] Gereffi, G. , J. Humphrey, et al. , "The governance of global value chains", Review of international political economy, 12 (1), 2005, pp. 78 – 104.

[157] Grossman, S. , and O. Hart. 1986. "The Costs and Benefits of Ownership: ATheory of Vertical and Lateral Integration. " Journal of Political Economy 94 (4): 691 – 719.

[158] Grossman, G. M. , and E. Rossi – Hansberg. 2008a. "Trading Tasks: A Simple Theory of Offshoring. " American Economic Review 98 (5): 1978 – 97.

[159] Grossman & Helpman, "Technology and Trade", NBER Working Paper, No 4926, 1994.

[160] Grossman & Helpman, "Trade, Knowledge Spillovers, and Growth", European Economic Review, 35 (2 – 3), 1991, pp. 517 – 526.

[161] Grossman, G. M. , E. Helpman, "Integration versus Outsourcing in Industry Equilibrium". The Quarterly Journal of Economics 117 (1), 2002, pp. 85.

[162] Hausmann, R. , HwangJ. and Rodrik, "What You Export Matters", NBER Working Paper Series, No. 11095, 2005.

[163] Hagiwara, T. 2016. "Decomposition of Average Propagation Length. " Paper presented at the 24th International Input – Output Conference, Seoul, July 4 – 8.

[164] Harrison, A. , J. Yifu Lin, and L. C. Xu. 2014. "Explaining Africa's (Dis) Advantage. " World Development 63 (c): 59 – 77.

[165] Hausmann, R. , C. Hidalgo, S. Bustos, M. Coscia, S. Chung, J. Kimenez, A. Simoes, and M. Yildirum. 2011. The Atlas of Economic

Complexity: Mapping Paths to Prosperity. Cambridge, MA: Harvard U-niversity, Center for International Development.

[166] Helpman, E. , and P. Krugman. 1985. Market Structure and Foreign Trade. Cambridge, MA: MIT Press.

[167] Helpman, "A Simple Theory of Trade with Multinational Corporations", Journal of Political Economy, 52 (170), 1984, pp. 451 – 471.

[168] Helpman, "Imperfect Competition and International Trade: Evidence from Fourteen industrial countries", Journal of Japanese and International Economies, 1987, pp. 62 – 81.

[169] Hummels, D. , Ishii, J. , Yi, K. M. , "The Nature and Growth of Vertical Specialization in World Trade", International Economics, 54 (1), 2001, pp. 75 – 96.

[170] Hummles, D. , "Have International Transportation Costs Declined" University of Chicago, Mimeo, 1999.

[171] Hummles, D. , Rapoport, D. , Yi, K, "Vertical Specialization and the Changing Nature of World Trade". Federal Reserve Bank of New York Economic Policy Review, 7. 1997, pp. 79 – 99.

[172] Humphrey J. Memedovic O. , "The Global Automotive Industry Value Chain: What Prospects for Upgrading by Developing Countries", Secorial Studies Series Working Paper, 2003.

[173] Humphrey J. , Hubert S. , "Governance and Upgrading: Linking Industrial Cluster and Global Value Chain Research", IDS Working Paper No. 120, Brighton: Institute of Development Studies, Universities of Sussex, 2000.

[174] Humphrey J. , Hubert S. , "How does insertion in global value chains affect upgrading in industrial cluster"? , Regional Studies, 2002, pp. 1017 – 1027.

[175] Humphrey J. Schmita H. , "Developing Country Firms in the World Economy: Governance and Upgrading in Global Value Chains", INEF Re-

port No. 61 , 2002.

[176] Humphrey J. Schmita H. , "Goverannce and Upgrading: Linking Indus-
trial Cluster and Global Value Chain Research", IDS Working Paper
No. 120 , 2000.

[177] Hymer, The International Operations of National Firms: A Study of Di-
rect Foreign Investment, Cambridge, Mass: The MIT Press, 1960.

[178] Inomata, S. 2008. "Average Propagation Lengths: A New Concept of
the 'Distance' between Industries, with an Application to the Asia –
PacificRegion. " Sangyo – Renkan 16 (1): 46 –55.

[179] Inomata, S. , and A. Owen. 2014. "Comparative Evaluation of MRIO
Frameworks. " Economic Systems Research 26 (3): 239 –44.

[180] Inomata, S. , and B. Meng. 2013. "Transnational Interregional Input –
OutputTables: An Alternative Approach to MRIO?" In Sustainability
Practitioner's Guide to Multi – Regional Input – Output Analysis, edited
byJ. Murray and M. Lenzen, 33 – 42. Champaign, IL: Common
GroundPublishing.

[181] Johnson, R. , and G. Noguera. 2016. "A Portrait of Trade in Value
Addedover Four Decades. " NBER Working Paper No. 22974, NBER,
Cambridge, MA.

[182] Johnson, R. C. , and G. Noguera. 2012. "Accounting for Intermediate
Production Sharing and Trade in Value Added. " Journal of International
Economics 86 (2): 224 –36.

[183] Jones, R. , and H. Kierzkowski. 1990. "The Role of Services in Pro-
ductionand International Trade: A Theoretical Framework. " In The Polit-
ical Economy of International Trade, edited by R. Jones and A. Krue-
ger, 31 –48. Oxford, U. K. : Basil Blackwell.

[184] Joskow, P. L. 2003. "Vertical Integration. " In Handbook of New Insti-
tutional Economics, edited by C. Menard and M. Shirley, 319 – 48.

New York: Springer.

[185] Kawakami, M. , and T. Sturgeon, eds. 2011. The Dynamics of Local Learningin Global Value Chains: Experiences from East Asia. New York and Basingstoke, U. K. : Palgrave Macmillan.

[186] Kimura, F. , and M. Ando. 2005. "Two – dimensional Fragmentation in East Asia: Conceptual Framework and Empirics. " International Review of Economics and Finance 14 (3): 317 – 48.

[187] Kummritz, V. 2014. "Global Value Chains: Benefiting the Domestic E-conomy. " Working Papers 2014 – 05, Centre for Trade and Economic Integration, Geneva.

[188] Kaplinsky R. , "Globalization, industrialization, and sustainable growth: the pursuit of the rent (discussing paper 365)" . Brighton, UK: university of Sussex, institute of development.

[189] Kaplinsky R. , "Spreading the gains from globalization: what can be learned from value chain analysis", Journal of development studies, 37 (2), 2000, pp. 117 – 146.

[190] Kaplinsky R. , "Technological Upgrading in Global Value Chains and Clusters and Their Contribution to Sustaining Economic Growth in Low and Middle Income Economies", UNU – MERIT Working Paper, No. 27, 2015.

[191] Kaplinsky R. , Memedovic O. , Morris M. l, "The Global Wood Furniture Value Chain: what Prospects for Upgrading by Developing Countries" SSRN eLibrary, 2003.

[192] Kaplinsky, R. , M. Morris, "A handbook for value chain research", IDRC, 2001.

[193] Koopman, R. , Z. Wang, and S. Wei. 2012. "Estimating Domestic Content inExports when Processing Trade is Pervasive. " Journal of Development Economics 99 (1): 178 – 89.

[194] Koopman, R., Z. Wang, S. Wei, and K. Zhu. 2016. "Tracing Value – Addedand Double Counting in Gross Export: Reply to the Comment by BartLos, Marcel Timmer, and Caaitzen J. de Vries. " Draft Manuscript.

[195] Kowalski, P., J. Lopez – Gonzalez, A. Ragoussis, and C. Ugarte. 2015. "Participationof Developing Countries in Global Value Chains: Implicationsfor Trade and Trade – Related Policies. " Organisation for EconomicCo – operation and Development (OECD) Trade Policy Papers No. 179, OECD, Paris.

[196] Kowalski, P., and J. Lopez – Gonzalez. Forthcoming. "Global Value Chains and Developing Countries: Drawing on Foreign Factors to Enhance Domestic Performance. "

[197] Kogut, B., "Designing global strategies: Comparative and competitive value – added chains", Sloan Management Review, 26 (4), 1985, pp. 15 – 28.

[198] Kogut, B. Chang S J., "Technological Capabilities and Japanese Foreign Direct Investment in the United States", Review of Economics and Statistics, 73 (3) 1991, pp. 401 – 413.

[199] Kojima, K., "Direct Investment: A Japanese Model of Multinational Business Operation", London: Croom Helm press, 1978.

[200] Koopman. R., Powers, W., Wang, Z., Wei, S. J., "Give Credit to Where Credit is Due: Tracing Value Added in Global Production Chain", NBRE Working Paper No. 16426, 2010.

[201] Koopman. R., Powers, W., Wang, Z., Wei, S. J., "Tracing Value – added and Double Counting in Value Added", American Economic Review, 104 (2), 2014. pp. 459 – 494.

[202] Koopman, Wang, Z., Wei, S. J., "How Much of Chinese Exports Is Really Made in China? Assessing Domestic Value – added When Processing Trade Is Pervasive", NBRE Working Paper No. 14109, 2008.

[203] Kuboniwa, M. 2014a. "Trade in Value Added Revisited: A Comment on R. Johnson and G. Noguera, Accounting for Intermediates: ProductionSharing and Trade in Value Added. " Discussion Paper Series A, No. 599, Institute of Economic Research, Hitotsubashi University, Tokyo.

[204] Krugman R. Paul, "Growing World Trade: Causes and Consequendes", Brookings Papers on Economic Activity, 1995 (1), pp. 327 – 362.

[205] Krugman R. Paul, "Increasing Retruns, Monopolistic Competition and International Trade", International Economy, 9 (4), 1979, pp. 469 – 479.

[206] Krugman, "Growing World Trade: Cause and Consequences", Brookings Papers on Economic Activity, Vol. 1, 1995, pp. 327 – 361.

[207] Krugman, "What's new about the new economic geography?" Oxford Review of Economic Policy, 14 (2), 1998, pp. 7 – 17.

[208] Lall, S. 2000. "The Technological Structure and Performance of Developing Country Manufactured Exports, 1995 – 1998. " Oxford Development Studies 28 (3): 337 – 69.

[209] Lall, S. , Weiss, J. , Zhang, J. , "The "Sophistication" of Exports: A New Measure of Product Characteristics ", QEH Working Paper Series, 2005.

[210] Legros, P. , and A. Newman. 2014. "Contracts, Ownership, and Industrial Organization: Past and Future. " Journal of Law Economics and Organization30 (S1): 82 – 117.

[211] Lenzen, M. , A. Geschke, M. Abd Rahman, Y. Xiao, E. Dietzenbacher, S. Inomata, K. Kanemoto, B. Los, D. Moran, R. Reyes, H. den Bäumen, A. Tukker, T. Walmsley, T. Wiedmann, R. Wood, and N. Yamano. 2017. " The Global MRIO Lab—Chartingthe World Economy. " Economic SystemsResearch 29 (2): 158 – 86.

[212] Liu, Y. , B. Meng, K. Hubacek, J. Xue, K. Feng, and Y. Gao. 2016. " ' Made in China': A Reevaluation of Embodied CO_2 Emissions

in Chinese ExportsUsing Firm Heterogeneity Information. " Applied Energy 184: 1106 – 13.

[213] Los, B. , M. Timmer, and G. de Vries. 2015. "How Global Are Global ValueChains? A New Approach to Measure International Fragmentation. " Journal of Regional Science 55 (1): 66 –92.

———. 2016. "Tracing Value – Added and Double Counting in Gross Exports: Comments. " American Economic Review 106 (7): 1958 –66.

[214] Lopez – Gonzalez, J. , M. Meliciani, and M. Savona. 2015. "When Linder Meets Hirschman: Inter – Industry Linkages and Global Value Chains in Business Services. " Working Paper Series 2015 – 20, Science Policy Research Unit, University of Sussex, Brighton, U. K.

[215] Ma, H. , Z. Wang, and K. Zhu. 2015. "Domestic Content in China's Exportsand Its Distribution by Firm Ownership. " Journal of Comparative Economics 43 (1): 3 –18.

[216] Melitz, M. J. 2003. "The Impact of Trade on Intra – Industry Reallocationsand Aggregate Industry Productivity. " Econometrica 71 (6): 1695 –725.

[217] Meng, B. , Z. Wang, and R. Koopman. 2013. "How are Global Value Chains Fragmented and Extended in China's Domestic Production Networks?" IDE Discussion Paper Series No. 424, IDE – JETRO, Chiba, Japan.

[218] Meng, B. , M. Ye, and S – J. Wei. 2017. "Value – added Gains and Job Opportunitiesin Global Value Chains. " IDE Discussion Paper No. 668, IDE – JETRO, Chiba City, Japan.

[219] Milberg, W. , and D. Winkler. 2013. Outsourcing Economics: Global Value Chains in Capitalist Development. Cambridge, U. K. : Cambridge University Press.

[220] Miller, R. , and U. Temurshoev. 2015. "Output Upstreamness and Input Downstreamness of Industries/Countries in World Production. " Inter-

national Regional Science Review.

[221] Mudambi, R. 2008. "Location, Control, and Innovation in Knowledge – Intensive Industries." Journal of Economic Geography 8 (5): 699 – 725.

[222] Navas – Aleman, L. "The Impact of Operating in Multiple Value Chains for Upgrading: The Case of Brazilian Furniture and Footwear Industries", World Development, 39 (8), 2011, pp. 1386 – 1397.

[223] Ng, F., and A. Yeats. 1999. "Production Sharing in East Asia: Who Does What for Whom, and Why?" Policy Research Working Paper 2197,

[224] OECD (Organisation for Economic Co – operation and Development). ProductivityStatistics (database). Paris: OECD. Available at: http://www. oecd. org/std/productivity – stats/.

[225] OECD (Organisation for Economic Co – operation and Development) – UNCTAD (United Nations Conference on Trade and Development. Forthcoming. Transforming Economies. Paris and Geneva.

[226] OECD (Organisation for Economic Co – operation and Development) and World Bank. 2015. Inclusive Global Value Chains: Policy Options in Trade and Complementary Areas for GVC Integration by Small and Medium Enterprises and Low – Income Developing Countries. Reportprepared for submission to the G20 Trade Ministers Meeting, Istanbul, Turkey, 6 October 2015.

[227] OECD (Organisation for Economic Co – operation and Development). 2016. Bilateral Trade in Goods by Industry and End – use (BTDIxE) database, International Standard Industrial Classification of All Economic Activities (ISIC), Revision 3. Paris: OECD. Available at: http://stats. oecd. org/Index. aspx? DataSetCode = BTDIXE_I3.

[228] OECD (Organisation for Economic Co – operation and Development), WTO (World Trade Organization), and World Bank. 2014. Global Value Chains: Challenges, Opportunities, and Implications for Policy. Re-

portprepared for submission to the G20 Trade Ministers Meeting, Sydney, July 29.

[229] OECD, "New Sources of Growth: Intangible Assets", Paris, OECD, 2010.

[230] OECD, "New Sources of Growth: Knowledge Based Capital Driving Investment and Productivity in the 21 ST Economics", Paris, OECD, 2010.

[231] Pavida, P. "Where Do We Go from Here? Globalizing Subsidiaries Moving Up Value Chain", Journal of International Management, 19 (3), 2013, pp. 207 - 219.

[232] Piacentini, M., and F. Fortanier. 2015. "Firm Heterogeneity and Trade inValue Added." OECD Working Paper No. 2015/23, OECD, Paris.

[233] Pietrobelli, C., and R. Rabellotti. 2010. "Global Value Chains Meet Innovation Systems: Are There Learning Opportunities for Developing Countries?" Working Paper Series 232, IDE, Chiba City, Japan.

[234] Pietrobell C. and Rabellotti R., "Upgrading in Clusters and Value Chains in Latin America: The Role of Policiws." Washington, DC: Micro, Small and Medium Enterprise Division, Inter - American Development Bank, 2004.

[235] Porter, M. E., "The Competitive Advantage of Nations", London, Macmillan, 1990.

[236] Porter, M. E. 1985. Competitive Advantage, Creating and Sustaining Superior Performance. New York: Free Press.

[237] Poter, M. E., "Competitive Advantage: Creating and sustaining superior performance", London, Macmillan, 1985.

[238] Richard, R., and J. Lopez - Gonzalez. 2013. "Supply - Chain Trade: A Portraitof Global Patterns and Several Testable Hypotheses." NBER

Working Paper No. 18957, NBER, Cambridge, MA.

[239] Romer M Paul. , "Endogenous Technological Change", Political Economy, 98 (5), 1990, pp. 1002 – 1037.

[240] Rugman, A. M. , "Will China's Multinationals Succeed Globaly or Regionaly" European Management, 25 (5), 2007, pp. 333 – 343.

[241] Smith, Adam. 1776. An Inquiry into the Nature and Causes of the Wealth of Nations. Reprinted in 1976. Oxford, U. K. : Oxford University Press.

[242] Spence, M. 2011. "The Impact of Globalization on Income and Employment: The Downside of Integrating Markets. " Foreign Affairs 90 (4): 28 – 41.

[243] Sturgeon, T. , P. Nielsen, G. Linden, G. Gereffi, and C. Brown. 2013. "Direct Measurement of Global Value Chains: Collecting Product – and Firm – Level Statistics on Value Added and Business Function Outsourcingand Offshoring. " In Trade in Value Added: Developing New Measuresof Cross – Border Trade, edited by A. Mattoo, Z. Wang, and S – J. Wei, 289 – 320. Washington, DC: World Bank.

[244] Schmitz, H. , "Local enterprises in the global economy: Issues of governance and upgrading", Edward Elgar Publishing, 2004.

[245] Shih, S. 1996. Me – Too is Not My Style: Challenge Difficulties, Break through Bottlenecks, Create Values. Taipei: The Acer Foundation.

[246] Sturgeon, T. J. , "How Do We Define Value Chains and Production Networks?" IDS bulletin 32 (3), 2001, pp. 9 – 18.

[247] Sturgeon, T. J. , "Modular production impact on Japans electronics industry", Recovering from Success 1 (9), 2006, pp. 47 – 70.

[248] Sturgeon, T. J. , "Modular production networks: a new American model of industrial organization", Industrial and corporate change, 11 (3), 2002, pp. 451 – 496.

[249] Sturgeon, T. J. , "What really goes on in Silicon Valley: Spatial cluste-ring and dispersal in modular production networks", Economic Geogra-phy, 3 (2), 2003, pp. 199 – 225.

[250] Tang, H. , F. Wang, and Z. Wang. 2014. "The Domestic Segment of Global Supply Chains in China under State Capitalism. " Working Paper No. 186, Federal Reserve Bank of Dallas Globalization and Monetary Pol-icy Institute, Dallas.

[251] Tempest, R. 1996. "Barbie and the World Economy. " Los Angeles Times, September 22.

[252] Timmer, M. , B. Los, R. Stehrer, and G. de Vries. 2016. An Anatomy of the Global Trade Slowdown based on the WIOD 2016 Release. Gronin-gen Growth and Development Centre Research Memorandum 162. Gron-ingen, Netherlands: University of Groningen.

[253] Timmer, M. , A. Erumban, B. Los, R. Stehrer, and G. de Vries. 2014. "Slicing Up Global Value Chains. " Journal of Economic Perspec-tives 28 (2): 99 – 118.

[254] Timmer, M. , R. Stehrer, and G. de Vries. 2015. "Occupations in Global Value Chains: Patterns of International Specialisation. " OECD Trade Policy Paper, OECD, Paris.

[255] Tirole, J. 1989. The Theory of Industrial Organization. Cambridge, MA: MIT Press.

[256] Tomiura, E. 2007. "Foreign Outsourcing, Exporting, and FDI: A Pro-ductivity Comparison at the Firm Level. " Journal of International Eco-nomics 72 (1): 113 – 27.

[257] UN (United Nations) . 2016. Addis Ababa Action Agenda: Monitoring Commitmentsand Actions. New York: UN.

——. UN Commodity Trade Statistics Database (Comtrade) . New York: UN. Available at: https: //comtrade. un. org/.

[258] UNCTAD (United Nations Conference on Trade and Development). 2013. World Investment Report 2013—GlobalValue Chains: Investment and Trade for Development. New York and Geneva: UN.

[259] UNCTAD, World Investment Report 2011, "Non‐Equity Modes of International Production and Development", New York: UN, 2011.

[260] UNCTAD, World Investment Report 2012, "Towards a New Generation of Investment Policies", New York: UN, 2012.

[261] UNCTAD, World Investment Report 2013, "Global Value Chains: Investment and Trade for Development", New York: UN, 2013.

[262] UNCTAD, World Investment Report 2014, "Investing in the SDGs: An Action Plan", New York: UN, 2014.

[263] UNCTAD, WorldInvestment Report 2015, "Reforming International Investment Governance", New York: UN, 2015.

[264] UNCTAD, World Investment Report 2016, "Investor Nationality: Policy Challenges", New York: UN, 2016.

[265] UNCTAD, World Investment Report 2017, "Investment and Digital Economy", New York: UN, 2017.

[266] UNCTAD, World Investment Report 2018, "Investment and New Industry Policy", New York: UN, 2018.

[267] Wang, Zhi and Wei, Shang‐Jin, "What Accounts for the Rising Sophistication of China's Exports? NBER Working Paper Series, No (13771), 2008.

[268] Wang Z., S. Wei, X. Yu, and K. Zhu. 2017a. "Measures of Participation in Global Value Chain and Global Business Cycles." NBER Working Paper No. 23222, NBER, Cambridge, MA.

[269] Wang, Z., S. Wei, X. Yu, and K. Zhu. 2016. "Characterizing Global Value Chains." Working Paper No. 578, Stanford Center for International Development, Stanford, CA.

[270] Wells, L. T. , "The Rise of Foreign Investments from Developing Coun-
tries. Third World Multinationals", Cambridge, MA: MIT Press, 1983.

[271] World Bank, Washington, DC. OECD (Organisation for Economic Co -
operation and Development) . 2013. Interconnected Economies: Benefit-
ting from Global Value Chains. Paris: OECD.

[272] World Bank. World Development Indicators (database) . Washington,
DC: World Bank. Available at: http: //data. worldbank. org/data -
catalog/world - development - indicators/.

[273] WTO, IDE - JETRO, "Trade Patterns and Global Value Chains in East
Asia: From Trade in Goods to Trade in Tasks", Geneva, 2011.

[274] WTO (World Trade Organization) and IDE - JETRO (Institute of Devel-
oping Economies - Japan External Trade Organization) . 2011. Trade
Patternsand Global Value Chains in East Asia: From Trade in Goods to
Trade inTasks. Geneva: WTO.

[275] Xiao, H. , T. Sun, B. Meng, and L. Cheng. 2017. "Complex Network
Analysisfor Characterizing Global Value Chains in Equipment Manufac-
turing. " PLoS ONE 12 (1): e0169549.

[276] Xing, Y. , and N. Detert. 2010. "How the iPhone Widens the United States
Trade Deficit with the People's Republic of China. " Asian Development
Bank Institute (ADBI) Working Paper Series No 257, ADBI, Tokyo.

[277] Yeats, A. J. 1998. "Just How Big is Global Production Sharing?" Poli-
cy Research Working Paper 1871, World Bank, Washington, DC.

[278] Ye, M. , B. Meng, and S - J. Wei. 2015. "Measuring Smile Curves in
Global Value Chains. " IDE Discussion Paper No. 530, IDE - JETRO,
Chiba, Japan.

后　记

　　本书是我在中国社会科学院研究生院的博士论文。进入社科院攻读博士研究生是我一生中最重要的选择，也是我人生中最艰难的一次历练。回首在社科院的学习时光，有豪情万丈，也有失意彷徨；有意气风发，也有低沉沮丧；有取得成果时的欣喜万分，也有论文写作中的内心煎熬。五年的时光虽然短暂，但对我来说却是脱胎换骨，凤凰涅槃。整理书稿的过程中，回想起在社科院生活与学习的点点滴滴，不禁感慨万千。一路走来，是身边的老师、同学和家人给予我源源不断的勇气和鼓励，我的成长和进步离不开他们的支持和帮助，在此表示由衷的感谢。

　　首先要感谢我的导师夏先良教授。夏老师广博的学识、深邃的思维、严谨的治学、和蔼的为人为我的学业提供了很大的帮助。在一次次的科研讨论或谈话中，夏老师对问题高屋建瓴的分析与评论令我豁然开朗，使我深刻领悟到了科学研究的方法与精髓，逐渐培养了我独立思考能力并坚定了从事学术研究的信念。在博士论文写作过程中，夏老师给予我莫大的指导，从选题的确定、框架的构建、案例的选择到最终成文，无不凝聚着夏老师的心血。

　　感谢攻读博士期间陪伴在我身边的同学李媛、王芳，与你们一起学习、交流和沟通，令原本单调的生活变得充实而生动。有你们相伴，博士阶段的苦读才有了些许轻松。此外，还要感谢西安石油大学曾昭宁教授，曾老师一直致力于经济学理论与现实问题紧密结合的研究，博士期间参与曾老师的几个课题，让我对实践有了深刻的认识，使得我的研究不再是

"无源之水"。

感谢我的家人。在我读博期间，母亲承担了全部的家务和照料孩子的重任，没有母亲的辛劳与付出，我断然不可能完成博士学业，再多的语言和华丽的辞藻都不能表达我对母亲深深的谢意；女儿的聪明与笑声给我带来了无尽的快乐，缓解了求学期间巨大的精神压力，她的快乐与成长，是我不断前行的动力！另外，感谢我的爱人陈敏灵，他的理解与以身作则是我学习的榜样。

最后，感谢西安石油大学优秀学术著作出版基金、西安石油大学博士科研启动基金、西安石油大学校级青年科研创新团队、西安石油大学油气资源经济与管理研究中心等为本专著的出版提供出版经费资助。感谢中国金融出版社的肖丽敏编审，肖老师在本书出版前期不辞辛劳，多次审校书稿，其专业的建议和出色的服务，保证本书得以顺利出版。

由于时间、精力和学术水平有限，本书中不当之处在所难免，敬请业内专家学者批评指正！

薛　静